目錄

第三部　邁向目的之路

推薦序

看重孩子內在底蘊能力的重要性

台灣奧美集團董事總經理 謝馨慧

二〇一九年暑假，我的孩子（以下稱采翰）面臨國小進入國中的關鍵階段，身為一個母親，我陷入思考，當下我能給他最好的人生禮物是什麼？可以影響他未來成為一個正面、獨立、有愛心並利他的青年呢？後來，選擇了小謀老師創辦的磐石基金會之「尼泊爾照亮生命英文小學」志工公益活動，成為有史以來最奇異的親子團，采翰嘗試教當地小朋友，我則去教學校老師們，完全分開行動。

我認為現代父母最難的課題之一，不是不了解教養書上那些完全有道理的硬知識，而是知道了，也常常做不到，總有各種人性弱點及魔障，阻礙著我們力行這些原則，所以來到一個真實的練習場域，是最務實且沒有退路的。也因著這個親身經驗，讓我真正領悟小謀老師倡議的「孩子內在底蘊能力」的重要性，而這些，都是他這位怪咖教授沉澱積累的生命信仰及價值。

回想起來，這個服務之旅，全程由年紀二十出頭歲的志工哥哥和姊姊們帶領，我心裡有數，中間一定會發生許多我看不過去的事情，但是，我必須有意識地閉上我的嘴巴，收起我的手臂，退到全團最後面，全心尊重年輕領導們的指示，同時離開我孩子的視線及身邊，讓他能有一個自由開放的空間，張開眼睛、打開耳朵、敞開心房，在腦子裡裝入一個全新世界觀及感受，不管最後體會、認知、記得了什麼，都是最可貴而且無法取代的。

結果確實超越我的期望，這是兩倍辛苦卻是兩倍揪心感動的整整兩週，生活清苦，鋪地為床，與蟲為伍，溪水沐浴，水蛭攻擊，沒電日常，手機無用，服務學童，解決問題，合作討論，分享反饋，同理孩子，體驗在地，無所抱怨，感同身受，刻骨銘心。

當我們服務完成結束下山，采翰坐到小城青年旅舍的破舊座式馬桶時，他告訴我：這是他上過最舒服的一次廁所，我板著臉忍住笑意，我想，他未來不會視一切為理所當然了。

當然這只是一個契機，讓他學習養成面對外界挑戰的無畏精神，我想這也是小謀老師希望所有的爸媽們及孩子的支持者，了解書中的「教育孩子對內傾聽內在、對外建立連結」，協助他們「邁向一個有意義、目的的實踐之路」，對青少年成熟人格早期建立的重要性。

我著實還在繼續努力學習成為一個更好的媽媽，也建議部分和我有一樣狀況的家長們，先試著戒掉當孩寶的習慣，不要成為孩子成長的最大障礙，他們就先成功一半了。另一半，就認真看小謀老師的書，然後「適度放生」就可以了。

這是一個共勉的期許，天下的爸媽，學無止境，我們一起加油！

推薦序

丟到山裡面，孩子就能活著走出來

台中惠文高中教師　蔡淇華

近年發覺學生有憂鬱情緒的比例巨幅上升，去年甚至有學生輕生死亡。因此在二〇二一年，我與校刊社同學，利用董氏基金會的量表，對七百位中學生做一份問卷調查。結果顯示二六％的國中生有憂鬱情緒，高中生有憂鬱情緒的數量竟然跳到一倍，高達五二％。事實顯示，教改無法紓解下一代的情緒問題，台灣的孩子真的愈來愈不快樂了。

大家都在尋找教育的解方，許多教育先驅者已向我們證明，「體驗教育」（Experiential Education）是最有效的解方。

日前與好友，雲林縣樟湖生態中小學陳清圳校長茶敘，他談到新學期一開始，老師抱怨學生上課病懨懨的，缺乏學習動機。他笑著回應：「等爬完山，就不一樣了。」

「真的不一樣了！」當學生與清圳從三千公尺以上的高山下來後，老師們都看到了學生有顯著的變化。學業成績不理想的孩子，登上百岳後，建立起他們在生活上的信心，對於自己「偉業」的驕傲感，慢慢轉成一種「自我期許」，生命的耐挫力增強；原本有憂鬱情緒的學生，也在大自然中得到療癒的力量，情緒漸趨穩定。

清圳校長為了實踐「體驗教育」，帶領樟湖國中小及華南國小挑戰舊體制，申請成為實驗學校，試辦四學期制，暑假縮短十天，上下學期各有長達一週的秋假和春假，以安排登山、單車環島等戶外教學。

我完全認同清圳校長的理念，因為自己的女兒就是參加童軍團的體驗教育後，才從一個內向的小女生，蛻變成一個充滿自信的大女孩。本來學業成績普通的她，因為從「體驗教育」中得到的自信，最後轉為讀書的自信，國中會考只在中段的她，大學考上第一志願，甚至畢業後通過甄試，成了公立高中教師。

是「體驗教育」與「戶外教育」改變了我女兒的一生，然而現今的台灣教育，仍多停留在「記憶導向」的學習模式。社會對帶學生上山、下海，或是騎腳踏車環島的老師，只停留在「他們很勇敢」的印象，卻不知這群老師正在改變孩子的一生。

台灣此刻非常需要一本可以喚起全民重視「體驗教育」的好書，去改變台灣的教育樣貌。令人興奮的是，全台灣「體驗教育」的領航者，師大謝智謀教授（小謀老師），終於在退休前夕，將畢生的寶貴經驗，留存在這本新書中。

小謀老師從事「體驗教育」超過二十五年，他帶學生一起去划獨木舟、登喜馬拉雅山、到尼泊爾蓋難民營。一年中有將近一百五十天都在戶外挑戰自我，或是帶領學生服務學習。他曾帶領十二個青少年上山，在二十一天的登山行程結束後，有六個孩子不再吸毒。

小謀老師相信，不讓孩子受苦，孩子長大以後只會更痛苦。他認為苦難是有價值的，帶孩子持之以恆地完成一件事情，可以讓學生成為一個更有韌性的人。「沒有行動的知識是死的，不要讓孩子什麼都知道，卻什麼都做不到。」小謀老師相信戶外教育體驗式的學習，可以讓學生做中學、學中做，豐富生活經驗，得到重生的力量。

「體驗式的學習，從孩子很小的時候就可以開始。國小三、四年級的學生可以開始爬山；國小五、六年級的學生，就可以被訓練成為嚮導。師長只要陪著這些孩子完成一次次的挑戰，在每個階段給他們回饋鼓勵，孩子就會繼續向前，得到主動解決問題的習慣。」小謀老師在書中提醒我們。

在新書中，小謀老師精選了十二個幫助孩子立足未來的關鍵特質，還整理了「親師實用錦囊」，提供師長實踐「體驗教育」的良方。例如引導孩子自己規劃一趟旅行、過濾乾淨的水、撿柴學生火、利用等番薯熟透的時間，來一場叢林裡的生態教學，甚至還有種菜、搭樹屋、做木工、為弱勢募款等。

「只要給孩子機會學習，他們一下子就能學會了！」小謀老師如是相信「體驗教育」。也期待更多師長和我、和清圳校長一樣，相信「把孩子丟到山裡面，他就能活著走出來」！

台灣的下一代，不能再憂鬱了！期待更多愛孩子的師長，打開小謀老師新書，慢慢學會「放手」的能力。「獨當一面的孩子背後，是願意放手的父母。」小謀老師如是殷殷期盼。

推薦序

教育唯愛與榜樣

社團法人臺灣童心創意行動協會（DFC臺灣）執行長 **許芯瑋**

轉眼認識小謀老師六、七年了，好開心看到老師的新書寶寶誕生，因為我知道老師的溫暖筆觸和充滿智慧的鼓勵，可以為更多的人打氣，讓大家從心裡感受到正向支持和專業引導。

老師在書裡分享了他很喜歡的一句教育名言：「教育之道無他，唯愛與榜樣而已」，這正是我這幾年來親身感受到他待人處事的原則。回顧我跟老師的互動，在每一次對話中，老師總是在示範如何「看見他人需要」和「同理他人」，漸漸地，這也成為了我努力想達成的榜樣。

記得有次約吃飯，小謀老師細心地跟我分享他的觀察：他發現身為半個公眾人物的我，臉書早已不是我能夠展現真實自己的平台，因為老師總是能從某些看似開心、正向的文章中，感受到我字裡行間的言不由衷。當時被老師「看破手腳」的我，很不自在，我旋即用了「超正向自動導航模式」回應老師，我說：「老師我很好啦！我一直努力加油中！」

沒想到老師當時的回應完全出乎我意料，且深深療癒了我，老師說：「你已經很努力了，我不想知道你做了什麼事情，我只想請你好好休息，讓心跟上。」記得我當下瞬間淚崩，老師看到了我的需求；知道我疲憊感的來源，是因為嚴重的不安全感作祟，當時我只要一從忙碌的行程閒下來，就會有排山倒海的愧疚感迎面襲來，好像覺得自己不配休息，還不夠努力。老師傾聽、同理我的需求後，開的「處方」很清楚：好好休息、修復自己的心靈。

真實的力量是很強大的，如同老師在書裡寫的，跟老師聊天的時候，如入群山，很是療癒——我不需要偽裝、也不用討好誰，而是安定、靜下來，認知自己的情緒。印象中，在那次的對話後，我強烈感受到：「原來這就是情緒被接住的感覺啊！」

謝謝老師的榜樣，讓我開始有了學會安靜聆聽自己內在聲音的習慣，面對自己的脆弱，我才有辦法回到真實世界，做出決定、並承擔結果。接下來，我勉勵自己也要樹立另一個榜樣：學著在我的女兒出生後，用小謀老師式的鼓勵陪伴她。我會嘗試著傾聽女兒的需求，並回應她：「親愛的女兒，媽媽知道妳現在一定很難過。我們一起吃飽、睡飽，媽媽陪妳。」

嘿，請感謝翻開這本書的自己，透過閱讀老師一則又一則的精采經歷與實用的教養錦囊，我們就能一起練習成為真正的自己，勇敢並堅毅地面對人生中未知的挑戰與失敗。請記得：「教育之道無他，唯愛與榜樣而已」，因此唯有您先成為真正的自己，您的學生、您的孩子才能「有樣學樣」，活出屬於自己的樣子。

共勉之。

推薦序

正視每個孩子心中想成為的自己

逆風劇團團長 **成瑋盛**

小謀老師曾經說過：「每一個生命皆有裂縫，如此光才能透進來。」回顧過去的自己，也面臨著種種困境，尤其自己從小就是學習低成就的學生，對於體制教育有著滿滿的質疑與反抗，國中不服從規範轉學、高中被開過無數退學會議，於是休學拍了紀錄片，復學後，逐漸找尋到自己想做的事情，大學期間選擇創業，成立逆風劇團，更能感同深受。

青春中的覺醒，真的難以三言兩語說完。生命中十二年的階段，看見無數社會角落的黑暗面，其中的五年自己身歷其境，另外的七年則和小謀老師相同，在自身成長蛻變後，選擇重回社會，與過去擁有相似境遇的青少年一起長大，讓那些美麗的風景，能夠在我們的小小世界中綻放。

看完這本書時，彷彿重回了二〇一八年的某夜，聽了小謀老師的生命故事分享後，內心無比激昂與感動。他所遭遇的故事，就和我身旁的朋友或是我所面對的孩子相同，但他卻從曾經被保護管束的學生，成為實踐「從阻力成為社會助力」的角色。很開心老師將他投入教育工作多年的經驗與真實生命故事集結成書，讓更多的人能夠一起見證每個教學現場裡發生的真摯故事。

這本書我誠心推薦給每一位正對未來迷惘的年輕人，這是一本教育、助人工作者、家長都必須好好享受的指南，我們都能從每段文字中，跟著小謀老師身入其境，並且能好好翻轉思維。

一直以來，小謀老師讓我們最敬佩的，不只是他與我們相似的背景，更是在成為教育者以後，願意捲起衣袖，與每一個學生實踐那一哩路。一起在無邊無際的海洋中奮力划著獨木舟，一起在舉步維艱的山林中突破著重重困難，一起一磚一瓦的在貧民窟中搭建起多元學習的教室，在每一次的任務中學習勇氣、溝通、解決問題、同理、領導的能力。堅毅的心讓實踐夢想的路可以更勇往直前，在冒險中，覺醒著內心被禁錮已久的靈魂。

曾經，我們走進許多青少年中心、少觀所、安置機構，面對著無數被貼上壞孩子標籤的少年仔，但誰也沒有想過一個精通九種樂器的孩子，本應該在自己的音樂領域發光發熱，卻被關在一個不自由的環境，甚至過去在教學現場裡被老師罵智障、趕出課堂，本來能發揮的專長，卻也因為藝文科目被借去考試，而喪失被看見的機會。

台灣擁有創意力、才華的孩子，卻因為家庭、教育等因素，無法被好好重視。我們總不能要求一隻魚去爬樹，而是應該正視每一個孩子心中想要成為的自己，真正的因材施教，讓孩子能學以致用。

時常在第一次面對著許多中介教育現場的學生時，我們問：「你最喜歡什麼事情？」「睡覺。」學生回答。「你最討厭什麼？」「上課。」學生回答。曾幾何時，教育變得不有趣，孩子無法享受其中，並對未來的自己沒有想像。在小謀老師書中，能夠看見許多脆弱生命在一次次冒險中，翻過的山巒、溪水就像跨越心中的每一個障礙，最後脫胎換骨，讓心可以堅毅不拔。

逆風劇團深耕於中輟、高關懷領域已經七年時間，我們更能感同身受小謀老師在書中提及的這十二項軟實力的重要性，也讓未來台灣的青年能夠在各個境遇中，勇敢開闢一條屬於自己的路。

推薦序

孩子成長並非需要更多保護，而是陪伴與放手

香港突破青年村前培訓總監 李德誠

全球疫情肆虐、氣候暖化帶來天災、軍事侵略與地區衝突、政權欺壓與社會不公、貧富懸殊、難民流離失所等，不單讓人叫苦連天，更容易使我們對未來失去盼望。作為家長及老師，究竟可以做甚麼培育及裝備你們的孩子和學生，叫他們不用懼怕、退縮及單顧自己，反而可以站立起來，活出真實的生命，在有需要時成為旁人的幫助和祝福，甚至參與改變所在的處境呢？

智謀是備受人尊敬的冒險教育家及生命培育老師。他自小在家庭暴力中成長，在兒童時期為逃避爸爸的虐打，而獨自走到山野數天。在少年時經常輟學，加入幫派成為首領，被羈押在少監所。在監禁期間，他有機會安靜反思自己的所作所為，定意發奮圖

強，努力求學，不單在台灣體育大學完成學業，更有機會到美國深造。

然而，在過程中他的女朋友離棄他，使他墜入憂鬱深淵中，甚至嘗試尋死。處於完全無助的境況中，基督信仰讓他重新站立起來，確認生命的價值、個人的身分，以及在世界中的使命。成長的坎坷、混亂、破碎及更新，塑造了不一樣的智謀，讓他學習以自己的生命去發聲。他不再依靠自己，願意被神使用，致力培育下一代的內在質素，帶領他們去服務困苦的人。

在獲取博士學位後，二十多年來智謀致力培育青少年、青年工作者、老師、社工、體驗教育及冒險治療工作者，以生命影響生命，足跡遍及台灣、香港、中國、印度、泰國、尼泊爾等地區。

智謀在將退休之時，把他多年來培育青少年的心得整合成書，確認青少年能夠活出生命、立足未來、展翅高飛，全賴他們內在的質素及底蘊，而非單單外在的能力、成就、資歷、職銜，甚至權位。他選取十二個青少年關鍵特質，作為他們面向世界的軟實力。有別於其他外在可見的硬實力，他以內向、橫向及外向三個向度來歸納，就是「聆聽內在聲音」、「與人建立結連」及「邁向目的之路」，這表示智謀對培育青少年的內在生命更新、以愛與人結連及謙卑服侍他人的重視。

智謀在這本書並非表述學術研究的成果，而是慷慨分享他多年來累積的生命、培育及服務智慧，以禮物送贈給家長及老師。他以為父的心看今天的青少年，稱呼他們為孩子，相信他們有能力去成為未來的領袖，願意陪伴、教導、引導及培育他們，致力於呈現他們獨特的優勢，活出他們真實的生命。

智謀看今天的老師及家長為他的夥伴，鼓勵家長和老師從自己生命探索開始，與孩子們同行。他邀請他們共學、共創，家庭、課室、社區、大自然及世界就成為孩子的學習場景，拓展他們的視野及生命。他期望能讓更多家長及老師能明白，青少年成長並非需要更多的保護，而是陪伴、同行與放手；並非更多的知識，而是能夠實踐的空間及機遇；並非與人比較及爭競，而是互相尊重及共好；並非獨善其身及出人頭地，而是看到旁人的需要，以愛心行動去同行。

智謀在全本書中真誠述說自己的故事，分享與青少年及孩子們同行的精采片段，也不隱藏自己的限制及軟弱。他胸懷世界，委身生命教育，致力培育能夠改變世界的下一代。然而，智謀並非完全的人，在教導別人的過程中仍會犯錯；在他以生命培育青少年的熱情之下，隱含著基督信仰帶來謙卑的心及感恩之情。

閱讀全書後，我聽到智謀對各位親師的呼喊，請你們藉著陪伴、聆聽、肯定、引導、賦權，培育孩子內在生命的質素，鼓勵孩子有不同的嘗試，確認他的獨特，適時放手，讓他們成為自己，將來走得更高更遠，為這個世界帶來祝福！

作為智謀多年的心靈弟兄，我誠意推薦智謀以生命撰寫的書，希望這書為你和你的孩子們帶來不一樣的生命！

自序

給孩子深厚的內在底蘊，成為他們一生帶著走的能力

有些人說我是深耕山野的教育家，也有人給我「台灣冒險教育家」的稱號，無論如何，陪伴、引導更多年輕的孩子，透過冒險教育認識與超越自己，活出人生的使命與價值感，確實是我深情的喜悅，也是上帝給我的呼召。

我很喜歡教育學者福祿貝爾的這句話：「**教育之道無他，唯愛與榜樣而已。**」投身教育二十多年，陪伴很多學生走過生命的高山和低谷，我也在過程中更深的挖掘、挑戰自我。

我的生命歷程並非一帆風順，有很多起伏與波折。或許因為如此，學業成績從來不是我看待一個孩子優異與否，或是在社會上有沒有足夠競爭力的標準。身為一位教育

者，我鼓勵老師和家長可以從「對自己生命的探索」開始，用更開闊的眼光看待教育這件事，或許更能陪伴他們走學習這條路。

現行教育最大的困境是，給孩子很多知識上的學習，卻缺少對於生活能力、情緒和內在特質的養成。在過去，學生可以藉由努力背誦和考高分，來換得沒有缺乏的生活，但隨著全球化的發展，孩子需要的不再只是硬邦邦的知識。

我在書中精選十二個幫助孩子立足未來的關鍵特質，這些特質幾乎都是在兒童與青少年時期，在家庭和學校教育中被建構起來的。這是送給孩子、老師和家長的禮物，幫助孩子在學習的過程中不斷思考，如何為自己打造一個幸福且有意義感的人生。

我想透過這本書告訴青少年的老師和父母，除了考試和補習，我們的孩子還有很多可以被培養的能力，只是我們有沒有引導、幫助他們，用更寬廣的眼光看待自己所處的世界。**家庭、教室和世界就是孩子的學校，成為一個能夠看見別人需要、勇於面對挫折和挑戰的人，就是他們最重要的學習。**

讓孩子活出生命的價值和意義

距離上一本書《登峰》出版已經七年，《登峰》寫的是我帶領戶外課程的經驗和生命對話，這本書則是二十多年來在冒險教育場域中，包含國內外的服務學習和人道關懷工作，親身帶領許多中小學孩子參與而整理出的精華，幫助從事孩童教育、親子教育和家庭教育的人有一個清楚的方向，知道如何帶領我們的孩子，不只能在變化愈趨劇烈的二十一世紀裡生存下來，還能活得有方向感、價值感和意義感。

我走訪過許多國家，發現在歐洲、澳洲、紐西蘭等高度文明國家裡，他們所定義並規劃在國家教育裡的學習項目，與台灣很不一樣。到底什麼樣的教育對孩子有幫助？我認為，**內心深度的特質比外在的能力更重要，內在的底蘊可以幫助孩子成為一個有適應力的人，在多變挑戰中找到解決的方法，達成自主學習、終身學習的目標**。

我希望老師和父母讀完這本書，可以照著書中的建議，開始進行一些小的改變，譬如嘗試引導孩子對話，進行反思與安靜的功課，或是從平常的相處過程開始調整，練習改變親子之間的互動模式。書中還有一些小故事和舉例，像是規劃旅行和閱讀等，這些都可以嘗試。

除了鼓勵老師和父母開始做一些改變，我更期待父母可以從更多方面檢視自己對待孩子的方式：我們是否壓抑了孩子的才幹？是否鼓勵孩子一股腦地往世界的潮流走，卻忽略了孩子的特殊性？我們堅持的教育方法，是否只是過往成長歷程的翻版？

一個數學老師要能夠站在台上教數學，需要經過長時間的訓練，和對數學的深度理解，為人父母卻經常被當作是「自然而然」的事情。成為父母是一生的學習，我們卻經常忘記這件事。

未來的世界給孩子的挑戰比過去更大，我們要怎麼樣成為好的老師和父母？我相信背後需要更多專業的學習。我期望能在親子教育和兒童教育中貢獻一點心力，幫助父母在教育孩子的觀念上有所啟發。

在我的教育理念裡，很重視「賦權給孩子」與「相信孩子獨特性」的重要。如果家長和老師能有「每個孩子都是獨一無二」的眼光，就會知道，只要陪著他們探索和啟發更多思考，就可以幫助孩子建構出更美好的未來；如果我們相信孩子的獨特性，自然會願意賦權，讓孩子放手嘗試。

在這個良善循環中，我們更多看見孩子的獨特性，就不會複製別人的經歷，而是讓孩子真正成為自己。

第一部

傾聽內在聲音

我是誰？
有什麼樣的過往？
現在在哪裡？
要往何處去？
那些迴盪在心裡的微聲，
指引孩子獨一的人生方向。

01

安靜

找到命定，從安靜傾聽自己開始

《獅子王》電影中，有一幕描寫辛巴尋找身分認同的段落。當辛巴靜靜望著湖中倒影，想著自己是誰、未來該往哪裡去時，夜空裡傳來父親的聲音：「你是我兒子，也是唯一的國王。不要忘記你是誰。」辛巴突然意識到自己的無可取代性，以及在其中隱隱發光的天賦和呼召。

從事教育工作二十多年，我看到許多孩子明明有萬獸之王的潛力，卻在家庭和社會的期待下，活得像隻小貓咪。**如果一個孩子有能力看見自己的獨特性，並且能被信任和賦予責任，就可以活出獅子般的勇氣和力量。**

我認識一個熱愛音樂的孩子，國中讀的是音樂班，成績也非常優秀，高中錄取頂尖學校，一路念到極棒的大學科系。大四那年，他參加同學的音樂會，坐在台下聽演奏時，眼淚卻不自覺掉了下來。音樂會結束後，他告訴家人，自己要回去讀音樂，因為那裡才是屬於他的地方。

台灣的升學制度限縮了孩子對生涯發展的想像，成績好就往哪幾個科系發展，讀哪些科系就一定比較沒前途。然而，醫學系的孩子可能是個偉大的藝術家，體育系的學生也不見得就頭腦簡單，職場上不乏很有商業頭腦的運動員。我自己就是體育系畢業的，也認識不少體育系畢業、在社會上發展非常傑出的孩子。

找到心之所向的生命熱情

有沒有可能孩子是一條魚，我們卻拚命教孩子爬樹？使得孩子從小沒有機會認識自己，反而被家庭、升學制度、社會價值推著走，一直做著不擅長、沒有熱情的事，終其一生都走不到屬於自己的地方、找不到生命的意義與價值感。

在體驗教育的登山課中，我見過許多第一學府的學生，為了滿足父母和社會的期待，拚命拿出最漂亮的成績單，卻不知道如何表達自己的疲乏。

如果「趕課本進度」、「準備考試」成為孩子唯一的學習經驗，期待他們挖掘出生命的渴望是困難的。所以我們發現，很多人讀完大學，最大的自我覺醒竟然是，發現自己不適合就讀這科系。

我多麼希望孩子在更小的時候，就能多問自己：我想做什麼？哪些事情會讓我的心為之震動、願意燃燒熱情為此而活？比起考上什麼高中、讀哪所大學，更重要的事情是他們喜不喜歡、想要做什麼。思考的歷程比結果重要；你怎麼到達這裡，比你到了哪裡更重要。

要找到生命的方向，需要安靜聆聽自己的心，反思自己的生命。我曾以「大學生的十堂課」為主題演講，其中一堂就是「安靜」課，並在好幾所大學開設「獨處與生命反思」課程。這裡的「安靜」不是被要求來的，不是課堂上的「不要講話」、「不要發出聲音」，而是停下來思考自己是誰、想要什麼、要往哪裡去。

洗滌紛擾的心，遇見清澈的自己

我們的教育要讓孩子活出獨一無二的命定，而非把自我價值建立在回應社會期待。在獨處課程中，我會請學生思考「我是誰、有什麼樣的過往、現在在哪裡、要往哪裡去」，藉由這些提問，幫助孩子學習傾聽內心的聲音。

當愈認識自己，就愈不會在人生道路上迷途。這樣的人不會被世界的聲音牽著鼻子走，也不會把力氣用來追尋外界的肯定，而會投入真正想做的事情。能夠安靜，才能找出自己是誰。我們的孩子能不能做到一件簡單的事：在快樂玩耍一陣子之後，慢慢地安靜下來閱讀、反思和享受當下？

安靜與獨處是自主思考和自主學習的沃土，給孩子整理生命脈絡的能力。

獨處課程中，孩子靜靜看著湖邊的神情，總是很吸引我，那正是教育體制裡缺少的養分。我們對孩子有很多期待，卻不一定是孩子自己的。我為什麼在這裡？要往何處去？那迴盪在心中的微聲，會給孩子答案。

安靜獨處的能力，培養出獨立、自我學習的孩子，能夠克服困難、正面迎向挑戰，更為孩子打開一道門，把身為一個人最細微的渴望與生涯選項進行核對，進而找出人生方向。新課綱的其中一項目標是「成為一個幸福的人」，而打造幸福感的人生，與月領三萬或十萬沒有關係，清楚自己怎麼活、為何而活，才能活得精采又漂亮。

以我自己來說，我成長的家庭沒有太多資源，父母不識字，沒有誰信任我，只能靠自己走出前面的路。我早早就學會了獨處的功課，因此在人生的每個階段，我非常清楚自己要什麼。從年輕的時候混幫派、退出幫派，一直到出國念書和從事教職，我一直學習隨時安靜、傾聽細微的聲音，並且留心每個生命獨特的需要。

曾經有位年過五十的優秀老師來上我的獨處課，他的心裡一直有很強烈的不安全感，特別在「換位子」、「交接崗位」以及與「放手」有關的議題。在對話中，他想起自己在一次的高中週會與同學換位子，沒想到禮堂倒塌，同學被壓死。幾十年來，他就這樣背負著罪咎和痛苦，直到透過反思，找到長期焦慮與害怕的原因。

課程結束時，他分享自己看見一隻鳥飛過眼前，想著那快樂翱翔的模樣，能不能也是他的未來？決定把心頭的重擔放掉，不再讓過去牽絆自己。

在獨處與反思的過程中，傷害和被掩蓋的情緒才會浮出表面。我們開始意識到許多從未發現的感受，以及那些一直影響、傷害或提升我們的事件。

還有一年，孩子們跟著我上山時，帶著父母寫給他們的一封信，直到登頂才能打開。那是段很有挑戰性的山路，當他們跨越難關，在峰頂看著父母寫給他們的話語，許多孩子都哭了。人生道路的確艱難，旅程中卻有許多人深愛著我們、伴我們前行，如此深層的情感，唯有靜下心來，才有所體會。

看待未來的眼光清澈了，幸福的人生也不會太遙遠。你的孩子，正在這條路上嗎？

請不要綁住孩子的翅膀，又奢望他們自由飛翔

教改的理想，是期待孩子能自由探索、發現自己，讓天賦自由。但在家庭與教育現場，我們卻極少把學習的主權交在孩子手中。

從出生那一刻起，孩子就活在以成人為主體的期待中：快點會爬、會坐、會走路、會說話。上學後，寒暑假要做什麼，父母也會安排妥當。中學時，每天補習到晚上九點、十點。教育體制以分數定義學生的優劣，六十分以下是不及格，一百分就是滿分。

我們用充滿框架的教育體制，綁住孩子的翅膀，卻又奢望他們能自由飛翔。

趕進度的教育，讓孩子忘記學習是快樂的

如果我們讓孩子認為教育是一個口令一個動作，從未鼓勵孩子思考學習的價值和意義，十二年國民基本教育的歷程，最後只會剩下讀書和考試。當孩子考上好大學，看似達成了社會期待，卻在「尋找生命意義」這門課中失落了。

就像帶著孩子爬山，我看過無數家長的目標是攻頂，但攻頂是「家長的想要」，不是「孩子學習歷程的需要」，孩子更感興趣的，是研究蝴蝶翅膀上的花紋、觀察群山的景色變化，以及享受山林的一切。

回到教室現場，老師在課堂上忙碌地趕進度，學生囫圇吞棗地吸收，下課後去補習班，回到家繼續趕作業。許多孩子從國小就被進度追著跑，帶回家的不是開心的學習經驗，而是寫不完的作業。假日的時間被珠心算、跆拳道、英文課塞滿，考過五花八門的檢定，但問孩子想做什麼，我們得到的答案常常是「不知道」。

趕吃飯、趕上學、趕進度、趕補習班、趕寫作業、趕著上床睡覺……每天和時間賽

跑的孩子們，是無法安靜下來探問內心，好好反思生命、釐清自己的想要與想學，這也導致他們面對學習是被動的，難以成為自主學習者。

我們為孩子做了許多學習上的安排，並不代表知識有被傳遞出去。老師與父母最重要的責任，不是灌輸知識，而是激發他們學習的興趣，幫助他們成為一個有自主學習能力的人。

我在芬蘭看見，那裡的孩子下午三點半下課就到公園玩，想看書的就去圖書館，有很多時間和空間進行各樣探索，挖掘生命的各種可能。反觀台灣，成人經常給孩子各種限制，規定什麼時間要做什麼、不做什麼、該怎麼做、不該怎麼做，剝奪孩子探索與思考的機會。

我們能不能創造一個更多元、更自由、更以孩子為主體的學習環境？讓學習歷程是快樂的，不要狹隘地限制課堂的模樣，譬如下雨天只能待在室內看書，太陽太大不適合到戶外上課學習。

真正的教育是生活經驗的累積，下雨的日子可以打開窗戶，感受滴滴落下的雨點，來一堂「雨從哪裡來」的課程；也可以到雨中踢足球，讓孩子知道即使全身弄得髒兮兮，回家洗澡就可以清理乾淨。

教育的目的，是協助孩子成為一個完整的人

台灣的孩子不習慣抓住學習的主動權。

自主學習能力低落的孩子，加上憂心忡忡的老師和父母，讓孩子在面對學習時更被動，連人生的選擇也一併交由師長決定。我們很自然地用性向測驗加上考試結果，來為孩子決定未來，卻沒有想過在這個框架以外，可能有更適合孩子的路。

我們擔心孩子沒有能力為自己規劃未來，所以總是先安排妥當。然而老師和父母不可能一輩子在孩子前方領路，我們要創造一個能讓孩子安靜聆聽自己內在聲音的機會，不要在孩子的耳朵旁給予太多雜音，如此才能協助孩子找回學習的主動權，自己決定未來的方向。

教育的其中一個目的，是幫助孩子成為充滿幸福感和價值感的人，大多數的孩子卻少有機會停下來思考生命的下一步，他們不知道為何而努力，也不知道自己想追求的是什麼。不知道要往哪裡走，走到哪裡都不會快樂。

真正的學習沒有捷徑，只有悉心的陪伴，能幫助他們在人生的路上走得更好也更遠。教育的目的不是為了找到一份好工作，而是在自我成長的快樂中，體會生命的各種樣貌，讓我們成為一個更完整的人。

給親師的實用錦囊——

一堂七十二小時的獨處課，找回與自己相處的能力

我在家暴家庭長大，不得已只好躲到山裡。群山成為我的避風港，山林裡沒有其他人，我不需要偽裝、也不用討好誰，很早就習慣傾聽自己內心的聲音。

所以我在體驗教育與冒險治療課程中，特別開了一門「獨處課」。我會選在蚊蟲比較少的寒假，帶著孩子們上山，在大自然裡安靜的與自己相處。

與孩子們上山後，我和助教確定他們會搭帳篷、懂得如何保暖、安排糧食、緊急求助和撤退以後，就回到距離約一個半小時路程的基地，獨留孩子們在山間。

每個孩子的帳篷相距三百公尺，移動範圍不能超過十公尺。從星期一早上八點到星期四中午，十二個孩子在只有行動乾糧、水、一盞頭燈、保暖衣物、睡墊、睡袋和外帳的情況

下，獨處超過七十二小時。我和助教每天會上山幫孩子加水，孩子只需要到固定的地方放下水罐，留一張紙條告訴我他很ＯＫ就好。

在山裡，孩子餓了就吃，累了就睡，天冷就躲在睡袋裡面，天氣好就出來欣賞美景，唯一的目標就是感受自己活著。有些人會怕黑，也有一些孩子覺得無聊，就拿起樹枝在地上又戳又挖。但一定會有安靜的時候，那就是生命被調整和洗滌的時刻。

獨處課程結束的時候，孩子的臉是亮的、神情是清澈的，他們都為自己生命的改變而感動。從陌生、害怕與大自然共處，到發現原來他們比自己想的更強壯、更具有適應和改變的能力，可以靠著自己走出一條新的道路。這個經歷給他們很大的信心，看見深藏在內心的龐大力量。

當孩子終於有機會與最真實的自我相處，過往的創傷與美好記憶都會湧現。這些事情讓我們成為現在的自己，也影響我們的未來。那些在吵雜的世界中難以聽見的聲音：想做什麼、想成為什麼樣的人，都可以在獨處中找到答案。

早自習、放學前是最佳的獨處課

「獨處」這門課需要有很多的預備，不是隨便把孩子丟到野外好幾個小時。老師們需要經過專業的訓練，孩子們也要在心理和實際的操作上有所準備，這包含孩子要會自己搭帳篷、明白可能的威脅和求救的方法，老師也要對獨處的環境有足夠的了解和掌握。

其他學科的老師不一定有這樣的能力，也很難規劃這樣的環境，然而，在學校的場域教導孩子獨處和安靜，仍然是有可能的。這樣的練習可以從幼稚園開始，讓孩子選一本自己想讀的書、規劃想做的事情。愈大的孩子，獨處的練習愈重要。

早自習和放學前半小時，都是很適合練習獨處的時機，只可惜多數學校會把這兩個時間拿來寫考卷和趕進度。學校不妨改變一下，運用這段時間，鼓勵孩子們讀想讀的書、記錄一天發生的事情，有助於豐富孩子的學習歷程，絕對不會浪費。

引導式對話，創造家庭的「反思課」

父母可能沒辦法帶孩子到山上獨處，仍可以在日常中進行類似的練習。如果是兩、三歲的孩子，父母可藉由引導式對話，幫助孩子練習停下手邊的事物，反思生活中發生的事情。一張畫著鄉間房子和老人的圖畫，可能很容易被我們忽略，這時可以有耐心地詢問：「你在想什麼？」、「你今天想做什麼？」、「這幅圖畫的是什麼呢？」從孩子的口中，我們會發現孩子那些沒有說出口的感受，譬如爸媽因著工作忙碌，少有時間陪伴，但在鄉下與阿嬤相處的日子，滿足了孩子被疼愛的期待。

當孩子再長大一點，可以鼓勵他們自己安排獨處的時間，聽音樂或畫畫都可以，引導他們從中感受自己的想要和不想要，也適時了解孩子的期待和渴望。切記不要太過心急地打斷孩子，在忙碌的生活中留一點空白的時段，反而會強化孩子與真實世界交流的能力。

02

勇敢

讓勇敢成為習慣，鍛鍊彈性和適應力

我是一個很容易暈船的人，各種戶外活動中，大概就是「開帆船」會讓我躊躇不前。五十五歲那年，我從台南開帆船到香港，在超過七十二小時的航程裡吐了十八次。帆船在海上晃呀晃的，再怎麼害怕和不舒服，都不能回頭。我跨越了舒適圈，在台灣海峽上展開一場屬於自己的偉大冒險，心裡想的只有一件事：在人生的汪洋大海上，我可不可以再勇敢一點？面對生命的限制，我能不能再乘風破浪？

有人覺得我是在自討苦吃，然而，突破生命的限制可以看見更燦爛的風景，這是我想要的生活方式。唯有勇氣，能讓生命不斷前進。從那年開始，開船成為我每年的固定行程。現在的我可以享受在浩瀚天地間划船的美好，我也不會再吐了。

每個人勇敢的方式都不一樣，有些人是登玉山，有些人是獨自旅行。真正的勇敢，不是從外在的行為判斷，不需要做出多偉大的事，而是雖然恐懼，仍願意放膽一試。

我從四歲開始與山林為伍，爬山就像在散步，一點也不會害怕。但是，當我帶著沒有經驗又怕高的學生們登上三千公尺高山的時候，看到他們在短時間的訓練後突破限制，完成一次次冒險，我認為他們非常勇敢，比我登上六千公尺的高山更有勇氣。

勇敢是突破生命限制的唯一方法。這是我鼓起勇氣去開帆船的原因，也是我在五十歲那年，從深耕已久的國立體育大學來到國立臺灣師範大學，從頭開始建立「冒險教育」學習領域的動力。面對充滿未知的生涯轉換，我的心裡也有許多擔憂和掙扎。

當時，體育大學的冒險教育課程已相當成熟，該有的經費、裝備和團隊一應俱全，從喜馬拉雅山、阿拉斯加、非洲到紐西蘭都有我們的足跡。臺師大從學習目標、課程架構到學生屬性，都與體育大學不同，我再過幾年就退休了，大可不必冒這個險。

但，我不願隨著安逸的日子老朽，我想再次體會那種非常靠近突破之時的痛苦與煎熬，畢竟，身為一個冒險教育的老師，如果停滯不前、不再冒險，不是有點矛盾嗎？面對生命中的機會，如果不勇敢，就是往後退。

多元體驗鍛鍊出強大適應力

一個害怕改變、連嘗試都不願意的人，生活實在非常單調。勇敢的經驗讓生命變得精采，也讓人生有更多不同的可能。我常常帶著學生上山下海，刺激孩子們的腦部神經元更健全發展，不同於課室裡的學習，透過爬山、划獨木舟等戶外活動，感覺統合能力、溝通能力、情緒表達和決策力都會同步提升。

勇敢帶出多元的生活經驗，改變大腦的慣性，讓我們成為更有適應能力的人。

可惜的是，華人父母經常把「勇敢」和「危險」聯想在一起：爬樹怕摔下來，去海邊怕溺水，結論就是這個不可以、那個不能做，高風險的事情最好都不要嘗試。我們以為是在教孩子避開危險，事實上卻剝奪他們學習評估風險和面對危險的能力。

冒險教育裡有一句格言：「過度的安全讓靈性死亡，過度的不安全讓生命死亡。」

冒險一定有風險，為了不讓勇敢變成魯莽，學會評估風險和了解自己的能力，就是相當重要的一門課。如果風險高、能力不足，硬往前衝就是魯莽；如果風險低、能力足夠，不嘗試就是太膽小。

建議父母可以從孩子小的時候，循序漸進給一些挑戰，鼓勵他們嘗試沒做過的事。舉例來說，讓他們自己走路上學、自己搭公車、規劃假期活動、舉辦社區籃球賽等，這些都是孩子可以練習勇敢的機會。這些事情的達成門檻不高，潛在風險也多半可以預期，孩子能在安全範圍裡掌握自身能力與外在風險的落差，強化自己的能力，避開可能的危險。

讓勇敢成為一種習慣，這樣的練習會給孩子更多能力，在有限的環境中，成為能面對與解決問題的人。如果你的孩子未曾自己從高雄搭車到台北，沒有獨自去過第三世界國家，從未在有挑戰性的活動中感受自己強烈跳動的心臟，勇敢地讓他嘗試吧！

即使失敗也不要氣餒，因為勇敢的意義不在於要有一個成功的結果，而是在擴張生命經驗後，更願意跳脫眼前的限制、嘗試新的事物。況且失敗也是一種有價值的學習。

放膽一試，看見更燦爛的天空

西方教育強調孩子要有「獨立」的能力，孩子能夠勇敢、可以獨立，背後一定要有願意放手的家長和老師。把孩子當成溫室裡的花朵，長大以後會碰到更大的危機。

我曾到過蒙古國，當地的孩子四、五歲就在學騎馬和射箭；而美國地緣廣大，孩子念大學時，學校與家裡的距離經常都是開車數十個小時以上，獨立是自然而然的結果。在競爭激烈的國際社會中，沒有勇敢的性格就不可能在其中立足、闖出自己的一片天。

我們的孩子需要多元的能力和強大適應力，以應付未來的挑戰，勇敢的經驗拉大生活的彈性。舉例來說，一個具有高度適應力的孩子可以到處移動，不論是前往第三世界國家服務，或是到歐美國家工作，都不是問題。當生命遇到突如其來的風暴，心理的素質和抵抗力也相對較高。

戶外是學習勇敢最好的地方，因為大自然的一切都處在變化的狀態。跟著我去偏鄉服務、騎腳踏車環島、攀登高山的學生，適應力通常都很好。有帳篷就睡帳篷，沒帳篷就睡地板；沒有水就自己背，找不到廁所也要想辦法解決。**當生命的彈性被拉開，學習的深度與廣度也跟著增加，我們不再像過去一樣害怕眼前的困難，能在生命中找出更多可以揮灑的空間。**

我很重視孩子獨立處理事情的能力、適應環境的彈性與解決問題的能力，因此在我開設的領導力課程裡，修課的學生除了有機會和我一起登山，也要學習寫企畫書向企業募款，這麼多年下來，尼泊爾、印度和泰北都有我們蓋的學校，許多偏鄉地區也有我們走過的足跡。

有一位修過我課程的學生，畢業後來到磐石領袖協會工作，工作不久就碰到尼泊爾大地震。我鼓勵他獨自去尼泊爾勘災，看看有什麼需要，回國以後發起募款活動。於是，這個大學畢業、剛當完兵的孩子，自己買好機票，背著帳篷、衛星電話、淨水器和乾糧就出發了。災區的對外交通全部中斷，他一個人步行好幾個小時到現場勘災，幾天以後回來，就召開記者會、開始募款。

我相信這個孩子有能力完成任務，因為他曾經這樣被訓練過，有勇氣面對挑戰，能獨立處理問題，有適應環境的彈性。父母不要過度保護孩子，太多的恐懼讓孩子失去勇敢的機會，而沒有勇敢的行動，就一定不會有成功的結果。

我認識的許多人都有勇敢的特質，他們的生命因著勇氣而被擴張，活出有別於一般人的精采樣貌。

我的好朋友劉安婷，二十三歲辭掉紐約管理顧問工作，回到台灣成立「為台灣而教」（Teach for Taiwan, TFT），實踐偏鄉教育的使命；她的先生呂冠緯，收起醫師執照，為了實踐心中的教育願景，進到「均一教育平台」錄製線上課程。他們的人生轉了一個大彎，為了更有價值的事做出勇敢的改變。

多重障礙詩人和作家莊馥華，也是我的好友，十歲時因為家中失火，吸入過多的一氧化碳導致腦部受損，從此幾乎不能看、不能說；她全身癱瘓，只剩耳朵聽得到，靠著用頭部敲打摩斯密碼來與外界溝通。即使生命有這麼多限制，她卻愈活愈燦爛，不只出書、到各地演講，還可以爬山、衝浪、滑雪、坐飛行傘。

這些成就偉大事情的人，背後都有勇敢的特質，他們為世界帶來不一樣的改變。因此，當孩子告訴你，他想去做一件聽起來超過他能力所及的事，不要太快就說：「不可以」、「不行」、「太危險」。花一點時間聽聽孩子的想法，有耐心地陪他完成生命中的挑戰。總有一天，因著這些勇敢的經驗，他的能力會跟上他的天馬行空，在充滿無限可能的世界裡，活出燦爛的生命。

放開雙手、給孩子勇敢的機會，這是我們能給孩子最好的禮物。

不要因為過度保護，讓孩子對生命的挑戰卻步

現在的父母對孩子經常是看頭又看尾，深怕一不小心，孩子就會受傷，然而，沒有壓力與痛苦的生活並不是幸福，太舒適的生活反而讓人們對意義的追求感到麻木。

我們的孩子正在失去對生活的意義感。舉例來說，服兵役的其中一個目的，是為了在心智與體力上鍛鍊年輕人成為更強韌、勇敢的人，如今不只服兵役時間縮短，還得留心天氣太熱或裝備太重，讓本該訓練耐力和受挫力的軍旅生活變得像暑期夏令營。進到軍中的年輕人，很自然會這樣想：既然沒什麼要求，何不混時間就好？

舒適的環境不需要勇敢，唯有在苦難中，方能熬煉勇敢的品格，讓我們看見生命的意義。當年輕人被貼上「一代不如一代」、「草莓族」等標籤時，或許是我們沒有給孩

子實踐的平台，扼殺了他們冒險和面對挑戰的渴望。

勇敢的經驗幫助孩子避開危險

我認識一個成績非常優秀的孩子，在國外念完大學後，回來台灣當一名登山嚮導。他很享受帶人去爬山的快樂，父母卻頗有微詞，因為每次上山，身上的背包動輒三、四十公斤，為人父母總是捨不得孩子受苦。然而，充滿挑戰、艱困與冒險的步伐能帶來的意義和樂趣，卻遠遠超過平順的生活。

回想我成長的年代，爬到樹上摘水果、在泥巴地裡滾得髒兮兮，是大多數孩子的日常寫照。台灣早期人們普遍生得多，為了養家活口而忙於工作，父母沒什麼時間管孩子，成長過程都得靠自己披荊斬棘，也因此磨出日後的高生存力。

勇敢的品格帶來願意嘗試的行動，幫助孩子建立獨立解決問題的能力，以及對外在風險和自身能力的基本掌握。我認為，現在的父母與老師用一種很奇怪的方式保護孩子的安全：不教導孩子評估風險，而是直接禁止可能有風險的活動。

既然在溪流裡玩耍可能會溺斃，我們就應該教孩子觀察水中的漩渦與暗流，並且在湍急的水流中自保。一心想保護孩子的安全，反而製造出更大的危機。更嚴重的是，**勇敢經驗的缺乏，很容易讓長大以後的冒險淪為魯莽行徑，帶來嚴重的傷害。**

許多在山上出意外的人，屏除不可控制的因素，沒有充足的登山知識往往是主要的原因。因此，我很鼓勵孩子參與戶外的冒險活動，像是爬山、攀岩、騎車環島、划獨木舟等，在這個過程中認識所處環境的風險以及應該做好的準備。如果沒有旅館可以住，我們就一起研究可以搭帳篷的地點；若海上的風浪漸大，我可以藉機告訴他們保持獨木舟平衡的秘訣，以及怎麼樣划船，可以更省力地抵達目的地，或是安全信號亮起紅燈，無法下水的適當判斷。

過度保護對孩子的靈性是一種傷害，到最後連嘗試都不願意，碰到緊要關頭只能選擇往後退。與其耗費精力給孩子一大堆限制，不如花時間與孩子來一場深度的對話，討論孩子最近想做什麼、想挑戰什麼，把勇敢的權利和平台還給孩子。

每一個偉大的成就，都從一個勇敢的決定出發。華人父母期待孩子出人頭地，能在社會中立足，那麼就要讓孩子成為一個勇敢的人。

最難教的一門功課

現在的家長與老師為孩子設下許多限制，說好聽一點是怕孩子受傷，真正的原因可能是他們從來沒有做過勇敢的嘗試。勇敢是最難教的一門功課，一個從未冒險的人，如何教孩子勇敢？

我培訓出來的老師，絕對不會說出「爬七星山太危險」或「騎車環島不安全」這類的話。因為在他們的經驗裡，騎腳踏車環島是家常便飯，攻上雪山和玉山，甚至喜馬拉雅山脈群峰，也是他們經歷過的冒險。老師的勇氣給孩子踏出勇敢步伐的信心，父母正面迎向挑戰的態度，讓孩子不怕嘗試新的事物。

挪去自己的限制，孩子才有勇敢的可能。

勇敢創造出新的可能性，讓我們願意探索未知，更將這樣的改變擴及他人。DFC臺灣的創辦人許芯瑋，這位當年不到二十五歲的高中老師，帶著幾百間學校的孩子去設計改變的計畫，鼓勵孩子運用所學，解決這個世界碰到的問題。我相信這些孩子會成為非常有勇氣的人，因為他們親身體驗過「勇敢」帶來的改變，也知道自己的能力和極限。

讓勇敢成為孩子生命強大的信念，即使未來碰到困難，他們的第一個反應也不會是退縮和逃避，而是起身迎向挑戰、嘗試更多的可能性。

給親師的實用錦囊——

勇敢的練習，從規劃一場旅行開始

戶外活動可以鍛鍊孩子的勇氣，但當我們鼓勵孩子從事這些活動時，並不是讓他們毫無準備地往前衝。

在我帶孩子們划獨木舟以前，有許多要做好的預備：氣候評估、找專業教練、備好伙食，也要確定孩子知道划船的基本知識和可能碰到的危險。**在勇敢這門課中，學會思考、計劃和做準備是重要的一環，父母與老師才能放手，不用擔心孩子莽撞行事。**

一趟為期七天的花東腳踏車之旅，就是孩子學習勇敢和培養問題解決力的好機會。引導孩子思考可能碰到的危險：爆胎、換胎、煞車失靈怎麼處理？騎到半路下大雨怎麼辦？如何在有限的時間和金錢內，抵達目的地並完成此行的目標？

這麼多年來，有很多孩子跟著我一起垂降、攀岩、攀樹、登山，他們嘗試了很多新的挑戰，其中迸發的勇氣，是連他們自己和父母都沒有想像過的。曾經有爸爸媽媽來觀課，親眼看到才發現自己的孩子這麼勇敢，國小三年級就可以抓著岩點一步步往上爬。

其實，只要父母願意放手，孩子在鍛鍊勇氣過程所磨練出的能力，是非常驚人的。曾有一個孩子跟著我共同帶領的腳踏車隊伍，從台北市區騎到東北角，活動結束後，他每次要從新竹到苗栗探望奶奶，都改為騎腳踏車。他的媽媽本來很擔心，不曉得孩子有沒有能力騎完這麼長的路程，直到放手讓孩子去做，才知道他完全有這個能力。

二〇〇七年，我帶著十六個學生去爬喜馬拉雅山，其中有十二人沒有登山經驗。我們在兩個月中，經過十幾天的訓練，包含體能和技術的提升、團隊默契的建立，以及心理素質的強化和與家人之間的溝通。高山症怎麼處理？大風雪的時候怎麼辦？冰河裂隙怎麼走最安全？我們做足準備，甚至在出發前寫好遺書，花了很多時間彼此對話。這是生命中非常重要的時刻，**如果有機會迎向一場屬於自己的偉大冒險，要選擇害怕還是勇敢？**

這一堂勇敢冒險的登山課，為我們建立起非常深刻的情感。在六千多公尺的高山上，他們為彼此加油，在恐懼和害怕中一起前進。直到現在，我們每年都會一起吃飯。勇氣的行動不僅讓我們突破限制，還為生活帶來許多意想不到的驚喜。

鼓勵思考而非直接禁止

現行的教育體制把孩子保護得很好，學校怕孩子受傷，老師怕學生壓力太大，更怕被家長投訴，以至於很少有新的嘗試，也不容易有新的改變。

一個膽小的老師教不出勇敢的學生，更常常因為害怕麻煩，乾脆禁止一切可能帶來危險的活動。舉例來說，有間學校的磨石子溜滑梯頂端太靠近教學大樓二樓，以至於有學生會直接從溜滑梯爬過去，學校知道以後，直接封住溜滑梯，以避免可能的意外。如果從另一個角度思考，比起直接禁止孩子靠近溜滑梯，更好的方式應該是告訴他們，如何安全地使用遊樂器材。了解背後的原因，比直接禁止更有意義。

台北市某中小學，則真正讓孩子嘗試下課時攀樹、自由走繩、到小池塘抓魚，甚至在教室三、四樓的側面安裝螺旋狀的溜滑梯，讓學生短短五秒，就可以從四樓溜到操場運動。

勇敢是循序漸進的練習，父母可以依據孩子的年紀給予不同的挑戰。舉例來說，可以讓三年級的孩子安排週末的家庭旅遊，自己規劃路線、訂飯店和買車票。如果過程中有出錯，父母切記不要嚴格指正，從旁陪伴、鼓勵他自己尋找解決辦法，這是練習勇敢最好的方式。

國小一年級的孩子可以練習自己走路上學，國小五年級的孩子可以辦社區籃球賽，喜歡大自然的孩子可以為家人安排一趟郊遊……鼓勵他們多嘗試，激發出來的潛力會讓你嚇一跳！怎麼樣妥善運用手上資源？如何與不同的人溝通？碰到困境該怎麼解決？思考力、規劃力、執行力和挫折忍受力，從中都會同步提升。

除了考試和念書，我們還有很多知識可以教給孩子，其中很大一部分必須透過實際操作和親身經歷才能學會。從今天開始，讓孩子自己嘗試、自己動手做吧！全家一起去露營時，寧可讓孩子花一個小時的時間搭好帳篷，也不要用十分鐘幫他們完成。

拓展教室以外的生活體驗也很重要，趁著假日帶孩子釣魚、釣蝦、到海邊走走，有機會的時候來場公路旅行，或是一起去騎馬、射箭。豐富孩子的經驗，在多樣的嘗試中感受學習的樂趣，他們會更期待每一次嘗試所帶來的驚喜。

多花一點時間與孩子對話，在他們想嘗試的事上給予實際建議和真誠鼓勵。不要因為聽起來很天馬行空，就立刻說「不行」、「不能」或「不要」，讓孩子選擇自己想做的事情，陪伴他們循序漸進的實踐。

03

察覺與反思

想跑得更遠更好，在於「樂意與他人同跑」的超能力

我在美國印第安那大學教書的時候，在學校旁邊的布拉德福森林營地帶過幾次冬夏令營。孩子與老師在營隊裡的關係很親近，彼此像朋友般以名字稱呼，有問題就問，有需要就儘管說。這樣的教育氛圍培養了西方孩子提問的習慣，既不害怕表達自己的想法，整理思緒和消化知識的速度也很快。

反觀台灣的孩子需要更多時間反芻課堂知識，才能內化為自己的東西，主動提問的比例少，學習積極度也相較低落。平常沒有反思的習慣，自然問不出好問題。這是台灣教育的缺乏，因此我很重視覺察與反思的練習。

許多老師在下課前會問孩子：「大家有沒有問題？」隨之而來的一陣沉默，不代表

真的沒有問題，只是在長時間被動接收知識的過程裡，喪失了提問的能力。

我常常鼓勵孩子們舉手提問，也喜歡拋給他們一些問題，聽聽他們的回應，像是：「你們怎麼想？」、「有沒有和老師不一樣的看法？」、「剛剛的事情給你們什麼樣的情緒和感受？」透過問題幫助孩子從「無感」、「沒有問題」，到開始覺察想法及情緒性經驗，並更深入了解事件背後的原因，在硬邦邦的知識中找到與自身的關聯。

我們能不能幫助孩子，成為一個認真感受生活的人？在每一天所發生的事情和生活經驗中，隨時回顧與覺察自己的情緒和感受，包含與過往生命歷程的碰撞，藉此產生新的學習體會與領悟。這些體會和領悟，可以幫助孩子在未來的生活中予以實踐，讓我們成為一個更進步的人，朝著更好的生活邁進。

學習從他人的角度看事情

「反思的習慣」讓孩子對各種事情都有自主思考的意見，進而在人與人的交流中重

新整理自己的想法，這是比「懂得提問」更重要的能力。從敢於表達自己的想法，到能夠聽見別人的意見，最終能在不同的立場中找到共識，這是培養「彼此包容」與「互相尊重」品格的重要過程。

當孩子們把大部分的時間和心力投注在念書、補習和考試，這樣的學習方式重視結果大於歷程，讓他們只專注在前方的目標，忽略個體之間的差異和每個人的獨特性。接納、合作與共融很少是他們的選項，只看到「你和我不一樣」，很少想到自己也有缺乏，在彼此的不同中有很多可以學習的地方。

教育的目的，是為人們打造一個更文明的社會，覺察與反思的能力讓我們可以從經驗中萃取出有價值的部分，成為持續進步的基礎。教育家杜威曾提出，「覺察與反思」是民主社會的教育中應有的樣貌，這樣的訓練幫助孩子能與不同的人溝通，樂意在眾人的對話裡，找出讓社會更進步的可能，為下一代建構更具共融性的「反思型社會」。

在我的課堂裡有很多分組討論的設計，鼓勵有想法卻不敢說的孩子表達意見，讓發言速度比較快的孩子，學習多給其他人整理和思考的時間，一步步建立起團隊的共融模式：內向的孩子敢發言，外向的孩子願意等待。為什麼別人和我想的不一樣？要怎麼樣才能與對方達成更好的合作關係？提醒孩子不要只從自己的角度想事情，因為別人想的可能和你很不一樣。

避免自我為中心的盲點

我的記憶力不錯，過往大學時參加營隊的時候，只要拿到手冊稍微翻看一下，每一天的幾點鐘要做什麼事，大致上都可以記得很清楚。有一年，輪到我和同學為系上學弟妹辦營會，我偶然問了一位學弟知不知道等一下要做什麼，他回答：「我要看一下手冊才知道。」這句話讓我非常生氣！

我認為每個人都該跟我一樣，知道什麼時候該做什麼事，這種基本的事情怎麼會需要別人提醒呢？許多陷入領導盲點的人都有類似的問題，先入為主的認為別人都應該和自己一樣，忽略或者不在意彼此的差異。更糟糕的是對別人的意見嗤之以鼻，只懂得一個勁地往前跑，假使犯錯也無人能糾正，很容易釀成難以收拾的局面。這件事，讓我理解到每個人竟如此不同。

除了戶外冒險課程，我也帶過很多專為中高階主管開設的團隊建造與領導力培訓課程，當中不乏學歷很亮眼、職場成就也很高，自我覺察與反思能力卻相當缺乏的人。雖然這些人可以清楚表達自己的想法，對於前面的目標也很清楚，但是經常誤解或拒絕理解其他人的想法，造成領導力的盲點。自己跑很快，帶領一群人的時候，就出現一大堆問題。

在我的戶外冒險課程中，有個叫做「當日領隊」（Leader Of Day）的活動設計。在此課程設計裡，我會在領隊帶完一天的活動後，在學生們入睡前，帶著大家討論當天發生的事情。團體的每個成員都要對當日領袖提出建議或想法，讓這位領袖認識自己在別人眼中的樣子，發現自己做得不錯和需要加強的地方，避免以自我為中心。

這是引導孩子自我覺察與反思的最好時機，因為他必須聽見別人對他的回饋，這讓他更深意識到，群體中有這麼多不一樣的聲音，別人的想法和經驗同樣重要。當「本來就應該這樣」的預設立場被打破，孩子們才會開始用更客觀的角度看待身旁的事情。

在這個多樣化的社會裡，找到與各種不同的人和平共存的方法，覺察與反思是非常重要的能力。從他人的想法和眼光裡，我們可以找到自己看不見的盲點。

培養「文化謙卑性」

我希望台灣的孩子可以有更寬廣的心與更寬闊的眼界，好在競爭激烈的國際社會中立足。

我們已經進入全球化的時代，不論從事什麼產業的工作都要隨時做好準備，面對來自不同文化背景和不同國家的人。其中，培養孩子的文化謙卑性（Culture Humility），是父母與老師最基本且最重要的功課，以謙卑和虛心受教的態度和不同背景的人相處，當孩子知道「我永遠沒辦法完全理解對方」，這才是真正理解的開始。

先入為主的論述或批判，讓我們一開始就失去和對方溝通與交流的機會。舉例來說，如果一個助人工作者帶著「文化的高傲性或優越感」去幫助個案，當他到品行失控孩子的家中訪視時，可能會以失序又凌亂的環境來責怪孩子的母親：「家裡這麼亂，也沒有人照顧小孩的生活，難怪孩子會有問題。」卻忽略這位母親同時承受著家暴陰影和經濟壓力。

很有可能，這位社工從小在充滿關愛和衣食無缺的環境中長大，「家裡本來就應該整齊又乾淨」是他先入為主的想法，而忽略人與人之間的差異。對於這位蠟燭兩頭燒的職業婦女來說，整理家裡是她待辦清單中的最後一項；又或許，她從小就在凌亂的環境中長大，整齊的家並不是理所當然的事。

具有覺察與反思能力的孩子，可以透過別人的角度了解不同的文化脈絡，不只是能夠接受對方和我們不一樣，也能積極在相異中找出共榮共存的方法。

不要讓「趕進度」剝奪思考的機會

現代人的生活忙碌，我們經常需要同時處理很多事情，不但在學習上很難專注，就連想要有段安靜思考的時間，都很困難。但是，覺察與反思的能力實在太重要了，這個過程幫助我們釐清現在和未來要前往的方向，在更多認識自己的同時，也能觀察到自己與外在世界的關聯。

沒有反思，只是被動接收刺激的學習方式，對真實的人生沒有太大幫助。我鼓勵老師和父母多問孩子「為什麼」、「你有沒有不一樣的想法」，經過內化的知識和生命經驗，才能學以致用。

沒有喘息的教育體制，讓孩子的心胸愈學習愈狹窄

台灣的學生被課業壓力和考試進度追著跑，大部分的精力都用在完成老師交代的進度，留給自己的時間少之又少。甚至，連為老師規劃的培訓課程都有類似的問題，知識性的課程一堂接著一堂，雖然課程中間有短暫的休息，彼此討論與互相交流的時間仍不足夠。

如果「學習歷程」沒有和「教學結果」同樣得到重視，即使學生拿到合格的成績，老師也趕完進度，這些在課堂上談的內容很快就會被遺忘。

六歲到十八歲是人生最精華的階段，我們的孩子卻花了太多時間待在學校，努力記住與真實生活沒什麼關聯的知識。

當我們告訴孩子一個知識時，比起死背硬記，更有價值的是讓他們自己思考過一遍，在這個內化的過程中，提出可能的問題或不一樣的想法。缺乏思考能力的人，才會別人說什麼就全盤接受，批判性思考的養成，給孩子更開闊的眼界。

那些被認為理所當然的事情，不一定在任何文化下都適用。

舉例來說，台灣的孩子從小就被提醒，用完水要關水龍頭。在提醒孩子的同時，不妨也問他們：「為什麼我們要關水龍頭？」深入研究這個問題，答案可能會讓我們很驚訝。事實上，美國明尼蘇達州老舊房子的水龍頭，在冬天是不關起來的，因為若不讓水龍頭持續滴水，寒冷的天氣裡沒有水流通過，水管很快就會凝固並且破裂。

在資訊量爆炸的年代，比起馬不停蹄地吸收各種知識，孩子更需要的是培養一個開放且樂於學習新知的心，為每一次的學習留下反思的空間。

不要讓孩子的眼界像井底的青蛙，頭上的天空永遠只停留在學校告訴他的那一點東西。停下腳步、走進這個世界，在潺潺的流水和遼闊的山景裡面，讓生物和地理課本中的知識得以活現；鼓勵孩子從不同的角度思考所學、從不同層面找到應用知識的方法，才不會愈讀書眼界愈狹窄。

用陪伴與等待營造反思環境

現在的孩子擁有比過去的年代更好的成長環境，加上少子化的因素，備受寵愛的孩子很容易活在以自我為中心的觀點裡。在這樣的情況下，他們很少會主動去思考，在同一件事情中，別人可能抱持著不一樣的想法，許多事情也不是那麼理所當然。

舉例來說，一個從小就吃父母剝好的葡萄長大的孩子，很可能會認為吃葡萄就是要剝皮，帶皮的葡萄是不能吃下肚子的，事實卻不是這樣。如果我們問孩子：「葡萄皮可不可以吃呢？」勢必會讓他們語塞，卻是在日常生活中練習反思的好方法，意識到自己與他人的不同，是覺察與反思很重要的用意。

因此，營造反思的學習環境，是父母和老師重要的任務之一。這需要耐心的引導與陪伴，也要懂得根據孩子的不同階段，提出合適的問題。

當面對國小一、二年級的孩子時，「你今天是不是當領導者當得很痛苦？」這樣的問題就不是很適合，這個年紀的孩子對「領導」的概念還很模糊，應該用更具體的問法，例如：「你今天帶著十二個人一起完成這件事，有什麼感受？」在反覆對答中，幫助孩子內化這些經驗。

很多老師在詢問學生「有沒有問題」的事情上感到挫折，好不容易上完一堂課，底下的人卻沒有什麼反應。其中一個原因是，具體的經驗比抽象的知識容易吸收，而課堂裡教的大多是抽象的知識。我帶學生登山時，經常可以在睡前的團體討論和反思活動中，聽見他們提出各式各樣的問題。登頂的感覺是什麼？在沒有指導員的情況下自己爬山，有什麼不一樣的體會？若教學可以與實際情境結合，覺察與反思的練習會更容易。

另一個原因是，依照我個人的經驗，孩子從聽到老師的提問，到整理出一個有邏輯的問題，至少需要十六到二十秒的時間。除此之外，孩子還需要放下擔心別人的眼光、自己可能會出錯的擔心，才能舉起手來發言。因此，鼓勵與等待實在太重要了！

我很樂意回答學生的問題，即使重複講兩、三次也沒關係。老師在這個階段的回應非常重要，當鼓勵提問的氛圍被建立起來，整個學習氣氛變得積極、輕鬆，孩子就愈樂意發問，學到的東西也愈多。

在陪伴孩子成長的這條路上，耐心陪伴是父母和老師一輩子的功課，也是培養出主動思考與積極學習能力的關鍵。雖然難免有不耐煩的時候，我會告訴自己，很多事情急不來，即使有很多專業知識必須教給孩子，寧可教得慢一點，因為消化過的知識才是自己的。

我的孩子還小，所以……他什麼都願意學！

華人的父母和老師習慣單向式的教學方法，然而「被動接收刺激」的學習模式，久而久之會壓抑孩子與生俱來的學習動力，扼殺他們探索世界的渴望。

我偶爾會聽到這樣的說法：「我的孩子還小，他學不會啦！」、「這對他來說太難了，我直接幫他做比較容易。」我們認為孩子的年紀小，很多事情沒有辦法學會，這樣的想法並不正確。國小一年級的學生可以自己搭帳篷，不需要老師或父母在旁聲聲催促，他們的好奇心會吸引他們，跟著大人完成這件在他們眼中看為新奇的事情。

我從來不會喊孩子：「來，趕快來搭帳篷。」當我拿出一根根帳桿，孩子自然就會走過來問：「這個要怎麼用？」我們就這樣一起把帳篷搭起來。

此外，還有像划獨木舟和撿柴生火等融入生活的學習體驗，都讓他們對於了解不同領域的知識有更強的動力。主動學習帶出更積極的思考，這樣的孩子不會只是等著問爸爸和媽媽：「等一下要做什麼？」他們自己就可以找到很多想做的事情。

啟迪人心比提供知識有更大的影響力。

從小訓練孩子覺察與反思的能力，鼓勵他們多問「為什麼」、多規劃自己想做的事、多花一點時間探索這個世界，這些具體的經驗可以幫助孩子在大學以後，更扎實的學習抽象性的知識。

給親師的實用錦囊——

問好問題、耐心引導，培養反思能力

跟著我去爬山的孩子，一定會被訓練覺察和反思的能力。在每天晚上的團隊分享中，我帶著他們討論當天發生的各種事情，有孩子提到肩膀很痠痛，就會有孩子主動回應：「我可以幫你背一點東西。」他們學會表達自己的需要，也衡量自己怎麼樣回應別人的需要。

在「當日領隊」的課程角色安排中，我會要求每個孩子給帶隊的領隊回饋。有些孩子覺得領隊走太快，有些孩子覺得領隊走太慢，領隊本身怎麼想？有沒有更好的帶領方式？我看著孩子們在這個過程學會彼此理解，找出讓彼此一起向前的更好方法。最後，我請每個孩子給當日領隊掌聲，謝謝他們的辛勞與努力。

豐富的生活體驗，是訓練反思能力最好的「材料」。如果平常吃水果的時候總是把皮削掉，偶爾帶皮吃下去，看看是什麼感覺？把馬鈴薯洗乾淨、蒸熟，直接帶皮吃也很美味。讓他們對同一件事情有不同角度的思考，避免過於僵化和以自我為中心的思考。

根據孩子的不同成長階段，父母可以讓孩子嘗試自己完成一些任務，在這個過程中鼓勵孩子提問。

舉例來說，兩、三歲的孩子可以自己剝蛋，四、五歲的孩子可以洗米煮飯，國小的孩子就負責為全家盛飯、擺盤，訓練國小三、四年級的孩子自己走路回家，也是很好的練習。在這些時候，父母可以問：「你覺得怎麼洗米最乾淨呢？」、「除了這條路，還有沒有其他路可以通往我們家呢？」

帶著孩子接觸大自然，拋出一些問題鼓勵他們思考：泥土裡為什麼會有蚯蚓？秋天的葉子為什麼是黃色的？一隻蜘蛛可以結出多大的網？讓反思的能力成為自主學習的翅膀，帶他們飛向更遼闊的天空。

學會提出好問題

學校的老師無法完全拋開進度壓力，然而即使是在教室裡，還是有些方式能培養孩子的覺察與反思能力。

除了多鼓勵孩子思考，提出一個好的問題也很重要。面對抽象思考尚未成熟的小學生，不問太艱澀的問題。具體的問題是最好的，例如：「剛剛那台車開非常快，你有什麼想法？」、「你現在的笑容看起來很開心，這是什麼原因呢？」

當孩子碰到挫折，流淚或與同學發生爭吵，老師要避免第一時間武斷的做出評論，因為情緒性經驗是孩子自我覺察的好機會，試著這樣問他們：「你為什麼掉眼淚？」

如果孩子抗拒寫作業，與其生氣的說：「你又不讀書了！」不如這樣問：「為什麼你沒有讀書？」開放性的提問給孩子更多表達空間，幫助他們在這個過程更認識自己，也進一步釐清自己的想法。

04

夢想

改變世界的奇蹟，藏在夢想的藍圖裡

人都有「挑戰自我」和「尋求突破」的渴望。可惜長久以來，我們的孩子在「強調結果而非過程」的填鴨式教育中，失去了勇敢做夢的能力。

在我的冒險教育課程中，我鼓勵學生設定攀登高峰的目標，隨著他們登上一座又一座的高山，心中的夢想也跟著逐漸擴展的眼界起飛。從海拔三千公尺到六千公尺，每一個小小的夢想都牽動著未來更偉大的夢。

有勇敢做夢的能力，才能脫離井底之蛙的視界。當世界的需要出現在他們眼前，他們會抓住機會，成為改變世界的力量。

成為這個世界需要的改變

我有個學生在很小的時候被父母遺棄，生命中有很多連帶而來的傷害。我帶著他去爬山，看著他在一次又一次的挑戰中突破自己，成為更有勇氣的人。有一年，他跟著我去尼泊爾的山上小學服務，看見許多孩子沒有鞋子可以穿，只能光著腳踩在熱到發燙的石頭路上，還要走一、兩個小時上學，也常因為赤腳踢足球，使得腳趾受傷流血。

回台灣後，他發起「赤腳環島」的募款行動，把對當地孩子的關懷，轉化為具體行動。他從桃園龜山往南，從東部返回桃園，赤腳徒步超過一千公里，陸續有許多人在不同地點為他加油，累計募款金額高達七十多萬。他用這筆錢備妥物資，不只是尼泊爾的山上小學與印度貧民窟，新北市的福山部落和花蓮玉東國中都有送鞋的足跡。

他進一步與「舊鞋救命國際基督關懷協會」合作，延續幫助弱勢的夢想，畢業時，也成為畢業生致詞代表。來自破碎家庭與學習障礙的背景，沒有阻止他實踐心中的偉大夢想，在勇敢做夢的藍圖裡，藏著「凡事都有可能」的奇蹟。

我陪伴過許多輟學生，每次都會問他們：「你最想做的事情是什麼？」因為很少人會關心他們想做的事情。這些孩子在成長的過程失去夢想的能力，只能用逃避來面對所有的事情。曾經有一個孩子告訴我，他想學空拍機的操作，我就鼓勵他用空拍機記錄一個偏遠村落的生活，讓當地的需要被更多人看見。

在孩子實踐夢想的路上，我們可以為他們的夢想賦予更高的價值和意義，讓他們找到「內心深情的喜悅」與「世界深切的需要」之交會處產生連結，迸發的火花會激勵他們走得更遠，看得更廣，帶出更大的希望。

幫助孩子找到心中的渴望，他們可以成為這個世界所需要的改變。小小的夢想也可以有很大的力量。

讓「內心深情的喜悅」與「世界深切的需要」交會

在我到尼泊爾蓋學校以前，我帶過幾千個孩子攀登群山、划越海洋，台灣許多偏鄉也有我們服務的足跡。然而，夢想不一定要是多困難的事，而是孩子有什麼想做的事情？讓孩子知道，自己有能力為世界帶來一些改變，並且從小事情就可以開始著手進行。舉例來說，父母與老師可以鼓勵孩子經營班級氛圍，讓同學之間更願意互助互愛，或是為獨居長者或街友準備餐食，這些都是孩子可以做到的事。

當我們開始回應心中的渴望，捲起袖子執行所定下的目標，勇敢做夢的勇氣也隨之而來，未來的道路更加寬廣。不要讓孩子活在充滿限制的教育環境，也不要扼殺他們天馬行空的奇想。因為改變世界的種子，很可能就藏在其中。

有一年，有兩個女學生參與溫世仁文教基金會的「千鄉萬才」計畫，騎腳踏車為甘肅偏鄉募款。我有四個學生受到她們的啟發，也發起了單車遠征行動，定名為「三十度的遠行，六千公里的長征」。他們從北緯二十度、廣東最南端的徐聞縣，往北騎到黑龍江省漠河市的北極村，路程約有六千公里，相當於環台灣六圈。他們用了三個多月的時間抵達，完成這場偉大的冒險。

德國著名化學家愛德華．布赫納（Eduard Buchner）有句名言：「召命就是，你最深情的喜悅與世界最深切的需要交會之處。」孩子有這樣的夢想，我很替他們高興。

回想自己的童年，我沒有同齡孩子該有的歡笑與純真，青少年時期又跑去混幫派，四處逞凶鬥狠，蹺課又逃學，很能體會父母與師長口中的「問題學生」的掙扎。因此，能幫助孩子們找到生命熱情，作一個夢想的實踐者，這是我最深情的喜悅。從這樣的喜悅延伸出來的許多工作，我總是充滿幹勁，過程再辛苦、再疲累，心中都充滿喜悅。

有夢想的孩子，不用教也會自己飛

一個勇於夢想的人，不會輕言放棄。實踐夢想的過程雖然會有困難，帶給我們的喜樂卻很深刻。即使沒有父母和老師的幫忙，孩子也會想辦法解決碰到的問題。

有一年，我帶著六個學生騎腳踏車到台東太麻里，為當地的獨居老人蓋新的鐵皮屋。我們從台北騎十二天的腳踏車到台東的山上，用募到的四十多萬拆掉老舊的房子、搭新的鐵皮屋，並用實木製做出十二件家具，舉凡衣櫥、衣櫃、電視櫃、床和床頭櫃等，全部從零開始做。

跟我一起去的孩子都不是這個領域的專家，但是我們一起學習、想辦法解決難題。當鐵皮屋的工程完工，他們所看見的不再只是教科書上的冰冷文字，而是自己真實學會的東西。每一個夢想的結束，都帶動著下一個夢想的起飛。

什麼是成功的教育呢？真正的成功，是幫助孩子成為一個能勇敢夢想並親身實踐的人。他們不用旁人太多的催促，為了心中偉大的理想，他們會自己展翅翱翔。

勇闖天涯的力量，來自深度陪伴和適時放手

我開始在大學裡教冒險教育的課程時，心中就有帶著學生到海外登山，結合公益活動為弱勢募款的夢想。能夠走出舒適圈並且看見世界的需要，為實踐夢想的道路賦予更高的意義和價值，這樣的人生是寬廣、豐富且精采的。

二〇一二年，我帶著冒險教育課程的學生去爬喜馬拉雅山，同時為尼泊爾的建校工程募款。短短一個學期的課程，我們總共募到一百二十萬。許多人很驚訝，大學生怎麼有能力募到這麼多錢？其實只要老師願意往前走，鼓勵他們想得更多更遠，孩子自然會想到解決問題的辦法。

鼓勵孩子做夢，需要先有領頭羊

父母和老師要在孩子的學習歷程中，為他們種下夢想的種子。從體育大學到師範大學，我常常鼓勵學生們為偏鄉募款，回應社會的需要，許下一個能讓世界更美好的夢想。如果父母沒有夢想，老師沒有異象，大學裡想到的服務學習課程，很多都是淨灘和到育幼院唱歌，這是相當可惜的一件事。

我們能不能帶著孩子為弱勢家庭募款？幫助資源相較缺乏的偏鄉孩童，建立共同學習的網絡；有沒有可能成立一個獎學金帳戶，讓學業表現良好的弱勢孩子，可以參加畢業旅行？這些服務不只是「交差了事」，而是在他們心中種下夢想的種子——老師實踐了自己的夢想，這條追尋的道路，你也可以做到。

勇敢做夢的能力，為生活帶來不一樣的改變，或許身旁的環境還是相同，夢想卻給人突破的勇氣，灌溉出「凡事都有可能」的信心。尼泊爾大地震之後，有一個高中生自己辦小提琴募款音樂會，帶著十五萬到當地賑災；還有一個孩子把尼泊爾景點做成明信片，為偏鄉孩子募到好幾萬。他們勇敢做夢並予以實踐，從小小的夢想開始，未來一定可以成就更偉大的夢。

台灣的父母沒有給孩子高飛的勇氣，學校的體制也不是孩子能加速起飛的跑道，使我們的孩子在教育體制裡，喪失了勇敢夢想的能力。他們不知道自己有能力實踐心中的渴望，也沒有勇敢夢想的榜樣。**如果連夢想的能力都沒有，我們要怎麼讓孩子相信自己的生命有無限可能？**

「持之以恆」讓夢想的大樹茁壯

台灣教育的問題在於期待孩子獨立，卻又不太願意給孩子機會獨立。缺乏嘗試的機會，導致孩子經常提出天馬行空的奇想，卻又沒辦法持之以恆地實踐。這個時候，老師與父母的引導和陪伴就變得非常重要。我們要聆聽孩子的渴望、喜悅與掙扎，鼓勵他們成就心中的熱情，陪伴他們前進，並在必要時拉他一把，更要在關鍵時刻適時放手。

深度的陪伴能幫孩子把夢想的輪廓描繪清楚，這樣的支持給孩子面對挫折的勇氣，也比較不容易放棄。父母要花心思了解孩子面對的挫折，有一句話這樣說：「一件事情做一年是激情，三年不倒，五年穩住，十年就有影響力。」孩子很容易對新嘗試的事情產生興趣，然而真的要找到熱情，需要一段時間的堅持，否則熱情很快就會消退。

陪伴，讓孩子有堅持的勇氣，有機會就多問：「你想做什麼事情？」「你打算怎麼做？」不要替孩子決定夢想的樣貌，放手讓他們的夢想自由綻放。

給親師的實用錦囊

從孩子想做的事，一起訂下階段性目標

許多人在退休的那一刻，突然感到很空虛，好像人生最精采的一段路結束了。但對我來說，即便退休，還是有很多想做的事情。退休不是終點，反而是我圓夢的另一個起點。一個有能力做夢的人，不論在什麼年紀，都可以活出最精采的日子。

從小事情開始，培養孩子的自信心

我曾經去過蒙古國，在當地看到五歲的孩子就會騎馬，也教我騎馬。那麼台灣五歲的孩子可以做什麼？孩子小的時候，生活能力比學科教育更重要，比起在室內上課，到戶外

攀岩、攀樹、抓蝴蝶、烤番薯都是相當好的活動。這些戶外活動刺激年幼的孩子更健全地發展，也幫助他們累積克服困難的經歷。

我喜歡帶三、四年級的孩子撿材生火，學習在野外炊食煮飯。我也喜歡為孩子設計一些可以獨自完成的課程內容，舉例來說，讓國小的孩子自己做好一張木頭椅子帶回家，是非常好的學習經驗！從小事情開始培養孩子的自信心，讓他們知道自己有能力獨立完成一件事，就不會害怕面對挑戰。

我常常帶著孩子到處圓夢，登山、划獨木舟、騎腳踏車環島……這些都是很好的戶外活動，讓他們在跨出舒適圈的時候，感受那種突破的喜悅，進而更深思考他們的渴望是什麼，可以怎麼樣與身旁的世界連結。

靈活思考比死背硬記更重要

台灣的教育體制給孩子太多框架和束縛，在綁手綁腳的環境裡，很難大展身手。學校的知識固然重要，只有知識卻不足以面對激烈的競爭。能跳脫框架、看見新的可能，才能適應不斷變化的環境。

勇敢做夢的能力，給孩子突破困難的勇氣，改變世界的種子就在其中發芽長大。因此，學校老師在專注孩子的學業表現時，不妨同樣花一些時間問問孩子：「你想做什麼？」、「你想怎麼做？」引導他們思考，可以為自己和這個世界做出什麼改變，並在實際執行時，提供孩子所需要的幫助。

有個孩子覺得自己英文不好，想要練習英文，他就決定從美國東岸騎腳踏車到西岸。這聽起來非常瘋狂，但是我鼓勵他這麼做，因為我認識這個孩子，我知道他已經想清楚了。這是他生命中的偉大夢想，他可以靠自己完成，並克服沿途會碰到的每一個困難，這其中會訓練到的能力非常多，這難道不也是一種學習嗎？有些時候，老師也需要跳脫框架，才能看見孩子心中最深切的渴望。

多接觸大自然，培養豐富的想像力

年紀愈小的孩子，愈需要父母的陪伴和支持，透過深度的對話幫助孩子面對挫折。我認識不少學生，他們不知道自己要做什麼，反而是拿著這個問題來問我。這是從小就要思考的問題，父母除了要給孩子實踐夢想的機會，幼年時的引導也很重要。

三歲的孩子可以去攀岩，父母送他們一個小背包，牽著他們的手來場戶外的探險吧！我極度鼓勵父母帶孩子去爬山，戶外的冒險活動可以激發孩子的想像力，也讓他們對身旁的世界有更多了解和認識，進而思考自己在其中的價值和意義。

當孩子開始分享自己想做的事情，父母可以替孩子訂下階段性目標，幫助孩子築夢踏實，適時調整夢想前進的軌道。

鼓勵孩子成為勇敢做夢的人，父母需要花很多心思陪伴，這卻是非常有價值的投資，恆毅力、忍受挫折的能力、問題解決的能力，都會在這個過程裡被提升。

第二部

與人建立連結

真正的溝通，
是用正確態度和合適語言，
表達心裡的情緒和想法，
同時能聽懂別人的意見，
並從中找到共融的平衡點。
而每一次的傾聽和同理，
都讓他們往目的地更近一步。

05

合作與溝通

沒有抵達目的地，這段路一樣充滿意義

有一年，我帶著一群國中生前進海拔三千三百一十公尺的嘉明湖。為了一覽台灣高山湖泊之美，他們預備了整個學期。走上嘉明湖步道時，我們共同訂下「早上十點鐘必須回程」的規定，如果十點還沒辦法走到目的地，就必須折返。早上九點鐘，我判斷要在一小時內抵達嘉明湖有困難，把這個問題交給了當日領隊，由他和整個隊伍討論是否要繼續前進。

他們花了很多時間討論，因為有些人走得快，有些人需要停下來休息，不論如何都要共同進退。最後，他們再往前走了一點，在距離嘉明湖五、六百公尺的地方折返。很多孩子都哭了，因為已經非常靠近目標，卻不能越過登山的界線。

下山以後，我帶著這些孩子討論，讓他們說出自己的想法和感受。有些孩子覺得很不愉快，認為被某些人拖慢了進度，也有一些人為著上不了嘉明湖而感到遺憾。我鼓勵他們彼此對話，多去思想整個過程帶給他們哪些不一樣的體會。有孩子決定以後要多鍛鍊身體，下一次才可以爬得更好更快，也有孩子認為，自己要接納和幫助體力比較不好的人。最後，還有一個孩子說：「沒關係，以後一定還有機會上嘉明湖。」

雖然會有爭吵和意見不合，但每個人都能在團體中表達自己的想法，不需要壓抑和隱藏。我很為這些孩子感到驕傲，這代表他們具有合作與溝通的能力，不但能使團隊更健康，也更靠近下一次欲挑戰的目標。

具合作與溝通能力的孩子，會為了達到團隊共同的目標，學習用更有效的方法表達想法，不害怕呈現自己獨特的樣貌，也接納別人有和自己不一樣的地方。在對話討論和思想碰撞的過程，孩子們藉由溝通與協調，找到彼此在團隊中最適合的位置。允許衝突、有能力面對衝突，這些都是團隊溝通能力中非常重要的部分。

讓孩子知道「需要幫忙」並不丟臉

除了登山，我也很愛帶學生溯溪。大部分的戶外冒險活動都需要團隊合作，特別是溯溪，對於比較輕、個子較小的人來說，如果沒有隊友的幫忙，很容易就會不小心被沖到遠方。那些習慣「凡事自己來」的人，怎麼樣都不肯尋求協助，但當自己停滯，整個隊伍也沒辦法向前邁進。

台灣教育的其中一個問題，是我們讓孩子學了許多知識，卻沒有告訴他們「求助」是「被允許且非常重要」的。過去的父母和老師鼓勵孩子要成為第一名，盡力拿出最好的表現以在社會上立足，漸漸地，埋首在試卷的學生開始把「求助」和「沒有能力」連結在一起，遇到問題不敢說，也不知道怎麼說。

因此，我在團隊建造課程中告訴孩子的第一件事，就是「當你需要幫忙，一定要說出來」。當孩子有這樣的認知，接下來才是幫助他們清楚表達自己的需求：需要哪些協助？如何尋求他人協助？最快速的學習方式就是透過團隊合作，了解「接受幫忙」並不丟臉，自己也有能力幫助別人，達到一個健康、良性的人際交流模式。

從說出自己的想法，到聽懂別人的意見

在「當日領隊」的活動設計中，我會在為期三天的登山行程裡，第一天示範身為一個領隊的帶隊方式，第二天，我就會推派一、兩個自願做領隊的孩子，由他決定當日的行程安排。從幾點起床、幾點出發、需要準備哪些東西、要走哪條路……全部都由這位領隊決定，我只負責在旁邊觀察，不會出任何意見，需要上課的時候，也會和當日領隊借時間，課程結束就將領導權歸還。

在交付領導權之前，這些孩子都已經看過我怎麼帶隊，我也會確保他們懂得看地圖和判斷周遭環境的能力。當日領隊要想辦法讓團隊合作，安排每個人的任務：計時、記錄、照相、後勤等。我鼓勵他們在行程間彼此對話，碰到岔路應該怎麼走？每個孩子手上都有地圖，待討論之後，由當日領隊做出最後決定。

我曾經帶國小三、四年級的孩子進行這個活動，早上幾點起床由他們決定，要不要問我的意見，也由他們自行判斷。這是觀察孩子的領導風格、並給予人際溝通建議的好機會，有些領隊會說：「我是今天的領隊，你應該聽我的。」也有些孩子比較沒有安全感，很容易自我懷疑，常回頭問我：「老師，我這樣走對嗎？」

印象很深刻的一次經歷，我帶一群國中生登山，由當日領隊帶大家往前走。其實他們很早就走錯路了，卻直到三個半小時後才發現。儘管我心裡不好受，因為沒人想走錯路，我也沒多說話。

當天晚上，團隊的成員一起檢討當天的行程，有人開始表達自己的不開心，質疑當日領隊為何會犯錯。我引導大家提問與進一步回答，「你覺得自己被討厭的原因是什麼？」、「既然你覺得不太對勁，為什麼不發表意見？」、「因為對方是這樣的態度，你就什麼都不說嗎？」類似這樣的對話，往往會進行至少兩、三個小時。我讓他們在一個安全的環境中表達自己的想法，每個人在事件當下的感受是什麼？如果再重來一次，是不是會有不同的反應或決定？

有些孩子的表達方式是大聲據理力爭，也有些孩子不敢講話，特別是碰到權威，就會靜默無聲。在戶外冒險的課程中，我讓他們的聲音都有被聽見的機會：該傾聽的要安靜，該說出口的要清楚說出來。良好的溝通建立起一個健康的團隊，不同的成員在其中彼此幫補，有勇氣說出自己的想法和感受，也能正確解讀他人情緒和表情背後的意思。

這是孩子在青少年階段最應該培養的能力，能夠表達與理解別人，讓他們在進到更複雜的社會以後，有能力突破事情的表象，看見真正重要的訊息。

接納與傾聽，讓彼此走得更好也更遠

台灣的教育模式不太要求孩子與他人合作，只需要不斷贏過別人、努力拿到最高分、進到最好的大學，身旁的同學都是競爭者。出社會後，用同樣的想法在職場上打拚，讓那些本來可以成為幫助的人脈，都在「單打獨鬥」的思想下成了競爭對手。

我們都需要群體生活，並仰賴他人的扶持和陪伴，使我們成為更好的人。如果可以為孩子建立這樣的觀念：力求合作比彼此競爭更好。不要第一時間就否定別人的意見，試著思考如何把「別人的意見」加上「自己的意見」，兩者結合變成一個「更好的意見」。那麼，就能在自我實現的道路上走得更好也更遠。

在團隊建造的課程裡，我發現在「合作與溝通」這件事情上有困難的人，若不是自視甚高，認為除了自己以外的意見都不值得聽，就是習慣性不反駁上位者的意見，覺得不論被分配到什麼樣的工作都好。前者會造成「各說各話」的局面，後者則是維持和平的假象，因著恐懼而壓抑心裡真正的想法。

真正的溝通，是用正確的態度和合適的語言，把心裡的情緒和想法表達出來。於此同時，也能聽懂別人的意見和想法，包含那些非語言（臉部表情、肢體動作）的訊息。最後，在兩者之中找到共融的平衡點，達到人與人之間良好的合作與互動，並建立更具效能的團隊。

當孩子的情緒被接納了，才有空間包容不同意見

幫助孩子成為一個有溝通能力的人，第一步是引導他們正確表達想法和感受。

大部分的父母和老師在孩子與他人發生衝突時，解決的方法就是直接下達命令：分開、坐好、握手和好。從小缺乏溝通的練習，長大以後碰到會激起情緒反應的事情，還

是不知道如何面對，一不小心就會出現爆走的情緒，或是極端退縮的行為反應。

沒有意見的孩子不代表真的沒想法，意見很多也不是「不聽話」或者「叛逆」。父母不要沉迷在「我的孩子很聽話」的假象裡，**讓孩子能夠自由的說出自己的想法，很有安全感的釋放自己的情緒，才能在「健康表達情緒」的事情上有所學習**。別讓孩子學了一堆東西，卻對於處理關乎自己的事情毫無頭緒。

在我成長的年代，在孩子掉下眼淚之前，大部分的長輩都會說：「不要哭！」如果是男孩子體會一定更深，「男兒有淚不輕彈」的刻板印象實在害人不淺。情緒壓抑久了，漸漸就不知道怎麼面對自己的情緒。生氣就摔東西、大吼大叫，難過就把委屈往肚子裡吞。

現在的父母有另一個同樣嚴重的問題，那就是每件事情都要替孩子做決定。

因為怕孩子受傷、想給他們最好的生活，小自衣服怎麼穿，大到職涯的規劃，由更有經驗的孩子的父母來判斷似乎很合理，然而，學習的歷程比結果更重要，引導孩子整理自己的想法、說出自己的感受，進而做出自己的決定，儘管可能會出錯，這個過程卻幫助他們愈來愈純熟老練，知道如何照顧好未來的人生。

為了避免養出一個超級巨嬰，成年了還要靠父母幫忙打理生活，不要再把「不要講話」、「不要問」、「做就對了」掛在嘴邊。多花一點時間聽聽孩子表達自己的想法，多鼓勵他們提出自己的意見，讓他們知道自己是被肯定、被認同、被接納的，想法和別人不同也沒有關係。

我陪伴過很多中輟生，他們在外面用自己的方式「闖蕩」，只是不論是說髒話、抽菸或打架，都反映著渴望被認同的心理狀態。老師和父母只告訴他們要讀書，很少花時間聆聽他們的需要，這些孩子會想：「既然沒有人在乎我的想法，那麼我就繼續叛逆，當一個幼稚、不負責任的人給你們看。」

父母和老師要給孩子表達自己的勇氣，在尊重別人的同時，也不能犧牲自己的聲音，卻也不能變成「想講什麼就講什麼」、「愛什麼時候講就立刻講出來」，是個極花心思的過程。

課室外的戶外冒險，給孩子操練合作與溝通的機會

現在的孩子普遍缺少合作與溝通的能力，主因來自學校沒有太多的學習方案。競爭性質的學習模式不需要溝通，互助合作的精神則一定要在團隊合作中才可能實踐。

有一年，我帶著一群國中生去爬加羅湖，整個路程都是上坡，許多孩子沒預期到這麼辛苦、體力又沒有想像中好，本來預計下午三點可以走到的行程，一直到晚上十點才抵達，最後兩公里還是陷在泥濘中艱難的走完。這對他們來說非常不容易，有些孩子很快就可以走到了，還有一些人吃力的在隊伍後方，想辦法跟上。

如果把這個活動當成比賽，把身旁的同學當成競爭者，那麼腳力好的人很快就可以抵達目標。但是在我的課程裡，「合作」是我的核心信念，如何齊心協力，讓整個團隊抵達目的地？雖然速度會慢一些，但是團隊的每個人都很重要，沒有人會被拋下，也沒有人會把你拋下。

台灣的教育重視結果大過於過程，忽略孩子需要時間和大量的經驗了解「團隊合

作」的重要。在我的戶外冒險教育課程中，孩子們必須合作與溝通，而他們展現出來的能力，也遠超過我在課室裡的觀察。

在那段下大雨又充滿泥濘的上坡路，他們又哭又笑的為了同一個目標往前走，會感到沮喪、疲累、挫折和害怕，但他們在互助合作中鍛鍊統整與自律能力，每一次的傾聽和同理，都讓他們往目的地又更靠近一步。

給親師的實用錦囊——

替孩子做決定前，先和他們溝通

我非常喜歡帶孩子去爬樹，跟著我像猴子一樣爬來爬去的孩子，年紀最小的只有三歲，這正是身體統合能力發展最快速的時候。從肢體的訓練引導到人與人之間的互助合作，在安全的範圍內從事戶外冒險運動，是學習團隊合作最好的方法。首先，攀樹的人要確定攀樹繩和安全裝備已經穿好、綁妥，接著，行進的過程要與樹下的隊友配合調整繩長，負責加油與歡呼的人也很重要。

雖然一個人做事情比較快，也可以省去許多溝通上的麻煩，但真正具有價值和能夠帶來改變的事，還是需要團體的力量才能完成。大家一起努力，走得更遠也更愉快。

在我的團隊建造課程中，有個名叫「一次一支麥克風」的練習，拿到麥克風的人可以發表自己的想法，在這個人講完話之前，其他人只能聽、不能插話。完整發表意見後，團體成員遵循「先說不錯的地方，再提自己的想法」，最後在不同意見中找到交集的方案。

我相信，即使理念和立場不相同，仍然可以透過溝通找出可行的合作方案，加乘、創造出更好的結果。

聽孩子的聲音，做孩子的朋友

現在的師生關係和我那個年代很不一樣，從「嚴師」到「亦師亦友」，我非常享受這樣的關係。如果教室只有老師一個人的聲音，這樣的學習場域多麼無趣啊！比起成為學生的老師，我更樂意成為他們的朋友，在學習的道路上一起成長。

我喜歡問學生：「你們有沒有不一樣的想法？」一個能激發學生主動思考和學習的教育情境，要由老師先打造出一個對話的平台，彼此都能有所學習。

即使從事教職二十五年了，在戶外冒險教育領域已非常專精，我還是需要繼續學習。隨著年紀的增長，我不一定有過去的體力和精力，跟上每個最新的知識，但是我的學生可以。我一直習慣綁的某種繩結，有沒有可能出現更好的綁法來替代？在不同的戶外冒險活動中，是不是有更好的方式來降低意外發生的危險？

我不需要是最博學多聞的老師，但可以因著與學生一起合作，產生出更棒的教學方案，我樂意從孩子身上學到新的知識。這是一件很美的事。

除此之外，「傾聽」也是從事教育者很重要的工作。

鼓勵學生說出自己的想法：這陣子有哪些新的觀察？生活中有什麼新的學習和體會？也記得多留給孩子一些思考的餘裕，因為知識的消化與吸收需要時間，我們早就知道的事情，對孩子來說是全新的認識。

老師在下課以前最常問的那句話：「大家有沒有問題？」大部分的老師看到沒有人舉手，很快就宣布下課。沒有給足夠的時間，孩子當然也提不出什麼好問題。另外一個層面，我們也不要讓孩子把「提問」和「自我價值」連在一起，好像只有很笨的人才會問問題，事實正好相反呢！

在生活中營造反思氛圍

兩、三歲的孩子就已經具備反思的能力，如果父母常常問：「你有什麼想法呢？」、「這件事情給你什麼感受？」、「你有什麼好點子嗎？」孩子們會知道自己的意見是重要的、值得被傾聽的。

不要太快用命令式的語句壓住孩子的聲音，在替他們做決定前，花更多時間與他們溝通吧！從晚餐吃什麼，到想學什麼才藝，表達與溝通的能力從「小事情」就可以開始培養。

從認識自己的想法，到了解別人在說什麼，進一步能夠分析彼此的差異和共同點，這種反思的習慣是溝通與合作能力的基礎。另外也別忘記，給孩子們「傾聽的榜樣」比什麼都重要。如果父母是願意溝通、力求合作的人，孩子自然不會害怕表達意見，也會願意容忍與自己不同的意見。

06

問題解決力

今天這段路，你們自己爬！

「戶外體驗教育」是訓練問題解決力最好的地方，我也從不害怕把決定權交給孩子。

在我的領導力登山課程中，我會讓「當日領袖」決定團隊出發的時間、要走哪條路、要不要走夜路、緊急狀況的應對等。這些決定都需要經過仔細的思考，像是出發時間牽涉到下山時間，還要考量體力耗盡等諸多狀況。

幫助孩子用更全面的角度做決定，並且學習與團隊共同承擔後果。這個能力一點也不簡單！

培養臨危不亂的能力

有次，我帶著一群國中生爬山，爬到第三天，他們告訴我：「老師，我們準備好要上奇萊南峰了！」「老師沒有要一起去喔。」其實我本來就打算讓他們自己走，只是暫時保留這個計畫。

他們看起來有些驚慌，「但是過去兩天我們都一起走，第三天老師不一起嗎？」「我又沒有說第三天我要一起走。你們都看過地圖了，可以自己去啊！」「真的嗎？可是我們旁邊沒有人……」我看看其他孩子，再問他，「你旁邊這些都不是人嗎？我在這裡吃早餐，你們去吧。」

對這些孩子來說，這條從兩千八百公尺到三千四百公尺的上坡路有一些風險，且來回要六、七個小時，但我非常熟悉這段路，沒有斷崖、沿途都有路標，不會發生嚴重的問題，頂多就是滑倒、太累走不動、團體吵架。在確保環境安全、學生也具備該有的專業知識下，這是訓練臨危不亂的能力與問題解決力的最好時機。

我沒有告訴他們路上可能會有什麼狀況，也沒有嘮嘮叨叨的叮嚀。少透露一點，他們反而會更專注地前進，不會因為知道「沒什麼好擔心」就鬆懈。意識到我不會跟著去，這群人必須靠著彼此安全上山，團隊的凝聚力會更強。如果我總是陪在他們身邊，孩子們很容易就隨便起來。

在孩子出發前往奇萊南峰之後，我和助教們抄小路上山，很快就到山頂。「老師，你怎麼來了！」孩子們看到我滿開心的，在山上確認大家狀況後，稍微閒聊一下，我就下山了。

接下來是我特別設計的情境題。奇萊南峰下有個登山客一定會經過的溪谷，我安排兩位助教扮成跌落溪谷的遊客，全身瘀青、衣服也磨破了，身上插著樹枝，躺在地上流血，我和其他人則套著垃圾袋，躲在草叢裡觀察孩子們的反應。

看見溪谷的景況，有些孩子立刻要衝回天池山莊找我們，他們一衝出去，就被我們拉進草叢，繼續看其他人的應對。另外一些孩子很慌張，也有人非常冷靜分析現場狀況、引導團體做決策。

這個活動的目的，是要讓他們知道自己面對突發事件的反應，當有愈多這樣的經驗，處理事情時愈不會手忙腳亂。如何在山林中求助？快超過回程時間時，要停下來救人還是先往下走？這些都在挑戰孩子的問題解決與決策力，也是幫助孩子在複雜的社會中生存的關鍵。

最後，那兩個扮成受傷登山客的助教跳了起來，拍掉身上的道具，結束這場有驚無險的情境測試。

具備「遷移性」的軟知識，未來才有競爭力

我很重視孩子的問題解決能力。當生活中出現一些任務，或是需要解決的議題時，孩子可以透過思考和邏輯系統做出判斷，圓滿處理眼前的問題或現象，就是解決問題的歷程。問題解決力會影響孩子的獨立生活能力和獨立思考性，幫助孩子面對愈趨複雜的社會。

爬山時遇到突發事件，孩子知不知道怎麼解決？新冠肺炎影響學校的教學，老師有沒有足夠的應變能力，來重新調整教學方式？我希望每個孩子都能在成長的過程裡，學習自己解決問題，這是縱橫職場的必備本領，也是在面對人生課題時，不可或缺的關鍵能力。

有些父母無法理解「爬山」怎麼會和提升競爭力有關？事實上，訓練出無數商場頂尖人士的華頓商學院，其中一堂最有名的課程就叫做「戶外領導力課程」。

戶外環境的多樣性，幫助我們在應變和適應的能力上有所成長，在山林裡迷路時要想辦法脫困，或是體力快耗盡但離休息區還有段路程，要知道怎麼樣用最省力的方式移動。這樣複雜的綜合性能力，就是可以遷移到其他生活場景的「軟知識」。

當孩子有這樣的能力，父母不用擔心他能不能一個人出國或是獨自旅行，因為其中牽涉到的問題解決能力與在幾千公尺的高山上是一樣的。一個具備問題解決和決策能力的人，能臨機應變、臨危不亂，這是競爭愈趨激烈的商業場上需要的人才，也是高階主管必備的技能。

大環境愈來愈險惡，培養孩子的問題解決和決策力，將幫助他們在變化莫測的世界裡，找到一席之地。

在戶外冒險活動中可以學到非常多能力。**在山裡迷路時，我們面對的是這兩個問題：不知道要去的地方，以及不知道自己在哪裡。生活中也有很多類似的情境，在我們對人生感到迷惘時，需要解決的也是這兩個問題。**在山裡需要用地圖找路，我們的人生也是，只是使用的工具不一樣。

面對困難的能力需從小培養 現在不放手，以後更痛苦

開始教書後，我發現很多孩子經常把「我不知道」、「我找不到」、「我不會」掛在嘴邊。這些孩子多半很會念書，面對問題的積極度和處理能力卻很弱。這代表在十二年基本國民教育中，問題解決力和基礎生活能力並不是學習的重點，造成一種「試卷成績很好、生存能力卻很差」的奇怪現象。舉例來說，有一回孩子準備了食物跟著我上山，帶的卻是很難保存的肉類食品，以及一遇水氣就容易發霉的吐司，類似的情況還有很多，實在令人費解。

我想，這和現代父母非常疼小孩有關。孩子會碰到的問題，父母幾乎先一步解決了，偶爾到戶外露營和烤肉，頂多讓孩子搭搭帳篷，烤肉時只需把肉夾到烤網上，他

們的任務就大功告成了。這樣的成長歷程，養出很多大學畢業仍對未來一片茫然的年輕人，因為從來沒有被訓練過要自己解決問題，小時候的書包是爸媽整理的，大學科系也是老師建議的，明明人生是自己的，卻對自己的問題一點辦法也沒有。

不要害怕出錯，給孩子做決定的機會

除了不要太急著替孩子做決定，更好的，是給他們獨立解決問題的機會。這樣的經驗持續累積，問題解決和決策力就被培養起來。這樣的人不害怕做新嘗試，如同我是一位老師，若有天要去賣路邊攤，也難不倒我，雖然背景知識不同，但真正執行時所需要的能力是相同的，舉凡控制預算、整合資源、尋求幫助和評估風險……這些能力比知識的學習更困難。

從小事情開始給孩子一些挑戰，這樣即使過程中有出錯，後果也不會太嚴重。讓孩子在有限預算內規劃一趟家庭旅行，最糟糕的情況頂多是錢用光，全家找簡陋的旅館棲身或直接睡在學校操場，也不失為一次有趣的經驗！不要因為害怕孩子失敗，就不給他們機會嘗試，放下為人父母的焦慮，放手讓孩子去做，他們會從這些經驗中有所學習。

有一次，協會一個研究生在印製T-Shirt時沒有校對好，竟然少印一個英文字母。印錯沒辦法重來，幾百件衣服就這樣報銷了。我當然會不高興，但既然已授權出去，這個責任我願意承擔，這就是放手的代價。雖然損失好幾萬塊，但這個孩子在這件事情以後，一定會變得更謹慎細心。對我來說，沒有什麼比看見孩子的生命成長更有價值。

台灣的教育體制和家庭教育模式，給孩子的自主空間非常有限，升學的選項往往由考試成績和父母的意見來決定。我們很少讓孩子思考自己的興趣是什麼？想要什麼樣的未來？漸漸地，孩子變成只能依賴他人做決定的人，縱然無奈，這也是父母要承擔的後果。

獨當一面的孩子背後，是願意放手的父母

父母擔心孩子不夠成熟，無法獨當一面，在成長的過程裡事事看頭看尾，十八年後才驚覺，費心養育成年的孩子，竟沒有適應未來的能力。若不想釀成這種悲劇，在孩子小的時候，不要太快替他們擋掉問題，讓他們試著解決吧！不要等到大學畢業才突然「放生」他們，那會是一件很可怕的事。

至於家長最擔心的大學選系，真的不是一件多嚴重的事情，特別在講求多元能力的時代，不會那麼容易因為選錯科系就終身抱憾。與其一天到晚擔心或幫孩子打點一切，不如把這些精力花在教孩子做決定，陪他們解決問題，建立基本生活能力。

蒙古國的孩子七歲就會煮飯，台灣的青少年連衣服要穿多少都由父母決定。在戶外冒險課程裡，我會告訴學生什麼叫做「真的很冷」，當你開始發抖，代表身體感到很冷。不多穿衣服會有什麼後果？我也會讓他們知道。很少孩子開始發抖了還不穿衣服，這類的事情是不需要父母嘮叨的。

我接觸過許多在家教育的孩子，他們接收的教育模式，注重自我學習和問題解決，這些孩子的思考力和面對困難的反應，確實比體制內的學生來得更好。有父母說，他們不放心讓孩子自己面對，但是孩子愈早知道怎麼處理生命碰到的問題，父母反而可以更安心。

問題解決的能力包含下判斷、做決定和執行方案，所牽涉的綜合能力相當驚人。鼓勵孩子規劃一趟家庭旅行，在顧及舒適的情況下找到合適的飯店，卻又不能離觀光景點太遙遠。往來交通怎麼安排？車票要不要事先訂好？熱門景點有沒有建議參觀時段？若我們的孩子能從小被這樣訓練長大，讓「碰到問題就解決」成為他們的直覺反應，未來的生存能力一定非常強。

募款和服務學習是我的課程重點，孩子要想辦法達到四十萬元的募款目標，之後再到尼泊爾蓋房子。除了要有整合手中資源和提案的能力，修電工、做木工、拆房子也統統都要會。這些遷移性的能力在生活其他領域也適用，如此一來，即使沒有為他們打點一切的老師和父母，在這個不斷解決問題的人生旅途中，他們也可以游刃有餘地面對。

給親師的實用錦囊

在安全範圍裡，讓孩子為自己的行為負責

幼稚園和國小一年級的孩子，就可以在問題解決的能力培養上有所學習。我喜歡帶著孩子去撿柴，學習生火的基本知識。在這當中能學到的東西實在太豐富，從折柴的方法到使用鋸子的技巧，只要給他們機會學習，一下子就能學會。

除此之外，還可以教孩子用撿來的柴烤番薯，利用等番薯熟透的時間，來一場叢林裡的生態教學：怎麼樣安全的穿越叢林地？哪些地方要特別小心？因為我有相關的專業知識，可以在安全的範圍裡，讓孩子學會為自己的行為負責。

還有種菜、做木工、搭樹屋等，這裡面會碰到各種不同的狀況，都在挑戰孩子對於突發狀況的處理能力。更重要的一個層面是，提升孩子真實生活的經驗，讓他們在大自然裡面感

受學習的樂趣，激發對這個世界的好奇心。這樣一來，生命中的挑戰就不見得是一件痛苦的事，碰到困難就解決它，解決不了的事情就接受它。

我帶著三歲的孩子把地瓜放進土堆裡烤熟，有些人想用紙包，另外有些人想用錫箔紙。兩者有什麼差異？我們一起來實驗看看，丟進去看烤出來的結果。「為什麼變成炭了！」有孩子發現用紙包的地瓜最後變成炭，另一種就不會。「那你要不要再烤一個試試看？」此外，我還會教孩子過濾乾淨的水，避免在戶外喝到髒水拉肚子……處在充滿好奇心和渴望探索階段的孩子，正是培養解決問題能力的最好時機。

從小事情開始練習決策力

大部分的父母沒有戶外冒險教育的專業知識，然而，日常生活中就有很多可以練習問題解決力的機會。培養這樣的能力並不困難，我們可以讓孩子自己準備上學的書包、戶外教學和畢業旅行的行李，交給孩子決定今天的晚餐、需要採買的食材。全家一起去爬山的日子，告訴孩子關於穿衣和飲食的原則，就讓他們自己選擇要穿什麼衣服、準備哪些食物吧。

當然，父母也要對環境有一定的掌握，對自己的孩子也要有清楚的了解，接下來就適時放手，孩子們的成長必定令我們相當驚訝！

07

看見他人需要

在他人的需要上，看見自己的責任

第一個登上聖母峰的艾德蒙．希拉里（Edmund Percival Hillary）爵士，登頂後的第一件事就是用自己的名聲來募款，幫助那些在峰頂上幫助登山者安全上下的雪巴嚮導。爾後，希拉里在當地蓋學校、醫院和機場，帶著感激的心，將一生奉獻給尼泊爾……。

給孩子一個「能夠看見別人需要」的眼光，是我的教學中最重要的目的。

個人成長和自我實踐固然重要，卻不是我們活在世上的唯一目的。服務他人所帶來的深刻喜樂，使我們在看見生命的意義與價值時，甘願以無私的付出回應他人需要，在幽暗無光之處奉獻自己。

教學這麼多年，服務學習一直是我的課程主軸。大部分的孩子在眾人呵護中長大，不會主動有「分享」和「照顧他人」的概念，得在父母和老師的引導下，才漸漸明白這個道理。當我們願意花時間，帶孩子感受不一樣的生活、認識不一樣的人，他們會脫離以自我為中心的思維，不再是「只要我好就好」。

生而為人，我們都需要彼此才能活下來。正因著單打獨鬥不是選項，讓社會變得更良善的特質就是為他人著想、為他人付出、為他人犧牲。我覺得這是教育非常重要的價值，因為唯有看見需要，才能回應需要，進而帶動社會的憐憫心和關懷他人的行動力。

成為一個「回應需要」的實踐家

我常鼓勵孩子觀察，生活中有哪些可以被改善的問題，舉例來說，某條馬路的綠燈秒數太短，行人還來不及通過，就變成紅燈了。我會問：「我們能做什麼來改變這個狀況？」台北車站聚集很多街友，有沒有可能提出一個系統性的規畫幫他們找工作？如何為貧困家庭募款？甚至是到偏鄉蓋房子，為第三世界國家建醫院等，這些能帶來實際改變的作為，都來自看見他人的需要。

當孩子習慣在別人的需要上看見自己的責任，這樣深切的了解，會像種子一樣發芽長大，催生出一個又一個可能的執行方案。從規劃到實踐，我鼓勵他們勇敢執行，當需要被滿足、事情開始出現轉變，對孩子的生命更是極大突破。

已故的台灣企業家溫世仁，在多年前推動「千鄉萬才工程」，幫助中國黃羊川地區脫貧。我有兩個學生受到這個計畫的啟發，前往這個甘肅省祁連山腳下的赤貧之地，幫助當地的人推動數位和網路城鄉的工作。

從台灣到極偏僻的黃羊川，她們搭飛機、坐車加走路，花了三十六小時才到目的地。更別提當地沒有這麼多乾淨的水源，一個禮拜只能洗一次頭，對兩個大學一年級的女孩子來說並不容易，但她們做到了！

只要願意，每件事都有改變的可能

服務他人的行動意味著脫離舒適圈，同時也是拓展視野的絕佳機會。在某一年的服務學習課程中，我要求修課的孩子自行規劃並完成一個服務學習方案。有個孩子對鳥類很有興趣，他在研究的過程中，發現希臘每年都有野鳥復育計畫，於是自己寫信給這個單位，他還真的收到回信，同年暑假就到了希臘，從事野鳥保育的服務。

國小五、六年級的美術班孩子，除了在教室裡畫畫，何不來規劃一個為尼泊爾募款的彩繪計畫？我的學生從二〇一一年帶著美術班的孩子在環保袋上畫畫，讓平凡無奇的物件成為充滿特色的藝術品，並自己將美術作品印成繪本義賣，把所得捐給海外偏鄉、南投國姓鄉。第一年義賣募得十六萬，十年來已經收到超過七十萬的款項。我們用這些捐款為缺水嚴重的尼泊爾蓋儲水槽，讓他們在旱季仍有乾淨的水可以使用，這捐款也用來蓋教室、買校車、支助學童學費。

即便是在三千七百公里以外（台灣與尼泊爾的距離）的需要，只要願意，都能盡一份心力。我也將這樣的理念結合在課堂裡，類似的行動方案還有很多，我帶著學生發想不同的可能，並實際執行出來。

服務學習的經驗，讓他們知道自己有能力為世界做出一些改變，成為更懂得感恩的人。這樣的價值體系帶出「神聖的不滿足感」，孩子不再甘於現狀，從「國家公民」進步成「世界公民」，希望世界變得更好，只要是有需要的地方，都是他們願意獻上心力之處。

給孩子多大的視野，決定他們能做到多大的事

我非常重視孩子的「國際移動力」，到任何地方去闖蕩都是有可能的。如果台灣教育能建構在這樣的思想上，孩子們會有更開闊的心胸與國際社會接軌，不會像井底之蛙那樣視野狹窄，也不會目中無人地認為自己有多了不起。

我有個學生在畢業後規劃去尼泊爾一年，他的生涯規畫就非常具有國際視野。在國中的時候萌生到偏鄉助人的想法，大學時期去了緬甸兩次，也運用自己影像紀錄的專才，到金門教小學生拍片。他所看到的世界不只停留在台灣，而是到得了的地方，都是他能帶來改變的地方。

現在教育的問題是，孩子學了很多知識，卻無法轉變成真實的生活能力。

反觀非洲的孩子，十二歲就可以照顧幾百頭牛羊，我們的孩子卻缺乏基本的生活能力，大學畢業的年輕人連自己煮飯、修水管、換燈泡都不會。在杜威的理念中，教育即是生活，所以他鼓勵孩子要蓋房子、學擠牛奶、種田和縫衣服，所有生活會用上的技能都要學。

一個好的服務學習計畫，來自對真實生活的認識。孩子要先知道實際情況長什麼模樣，才能提出有效的問題解決方案。然而，要父母放手讓孩子出去闖盪，體驗不同地方、與不同階層人民的生活，確實是很大的挑戰。但「與其花這麼多時間在外面，不如在家多念一點書」的年代已經過去了，如果只教孩子待在家裡讀書，他們不會看到外面的世界有多寬廣，無限的可能就在當中流失了。

老師要比孩子更先學會的功課：看見需要就行動

台灣的教育在過去很缺乏服務學習這一塊，也很少把「看見別人需要」納入課程精神。老師沒有接受過這樣的教育，自然也很難提出好的服務學習方案，只好不斷沿用過去的模式，若不是到育幼院唱歌給孩子聽，就是安排學生到沙灘上撿垃圾。老師的視野只有一點點，孩子很難被激勵出更大的夢想。

這是非常可惜的事，因為孩子比我們想像得更厲害，也有比我們更好的創意和衝勁，能為這個世界帶來改變。如果老師願意先走出去、把眼光放遠，率先成為一個回應需要的行動者，孩子對未來的想像也會跟著被打開。

跟著我上課的學生知道獨木舟在海上航行的方法，懂得辨認海流、潮流、潮汐和風浪，知道怎麼保持身體的平衡和控制肌肉的力量，可以在山上替自己保暖，明白如何備糧、怎麼控制營養。他們看著我示範，我會的他們也能學會。

我們的老師能否看到除了「淨灘」和「唱歌給育幼院孩子聽」以外的需要？我希望老師可以有更多研習和往外走出去的機會，好發想出更多不同的服務學習方案。這一切都從看見他人需要開始，你看到的，孩子也會看到，當你成為一個「看見需要就行動」的人，學生也會跟上你的腳步。

給親師的實用錦囊

親師以身作則，是影響孩子的關鍵

讓孩子成為一個能夠看見別人需要的人，除了多鼓勵孩子參加國內外服務性質的營隊，從日常生活中就可以培養孩子這樣的思維。

當孩子對某件事情產生好奇，父母和老師要在所知的範圍裡盡力回答，不要太快抹煞掉他們的好奇心，讓他們認識真實世界裡的不同人，去發現那些人和自己有哪些不一樣。曾經有一個孩子跟著我經過台北車站，他指著車站前的一排街友問我：「老師，那些人為什麼坐在地上？」我回答：「你覺得呢？我們可以走過去跟他們聊聊天，你可以自己問他們呀。」

我常常接觸街友，偶爾也會買個便當去和他們聊聊天，我很習慣他們的生活模式，並不覺得害怕。我告訴孩子，如果他們願意跟你說話，就多說一、兩句，他們不想說也無妨。我不覺得這件事有什麼奇怪，孩子也會用開放的心態去了解這些人。

父母與老師給孩子的榜樣很重要，如果我們對這個世界抱有好奇的心，孩子自然會願意更多認識這個世界。如果從來沒有去探索、去探問生活周遭的需要，就算真的有心想做些事情，也會像無頭蒼蠅一樣使不上力。

某年的十二月，我號召一千五百多人和許多單位，到各個火車站送卡片和禮物給街友，並為他們禱告。因為我是基督徒，而基督徒很重視聖誕節，我希望街友們也能在這個節日得到祝福。

光是在台北車站，我們就接觸了兩百多位街友，考量到他們常要久站發海報，以及需要和工地老闆聯繫，好接到工作，除了送食物，我們也準備了很多球鞋和舊手機，讓他們可以維持生計。因為我認識這些人的生活，知道他們的所需，也很高興可以滿足他們的需要。

主動提出各樣需要

在這樣的學習上，父母、老師的以身作則是影響孩子行出來的關鍵。舉例來說，外公和外婆年紀很大了，我們可以給孩子這類的問題：「你覺得外公年紀愈來愈大，會變成什麼樣子？可能會有什麼地方需要幫忙？」也可以問孩子：「你覺得爸爸媽媽有什麼需要？有哪些事情是你想到可以幫忙爸爸媽媽的嗎？」華人父母不太會和孩子分享照顧家庭的辛勞，但適時把自己的需要和難處讓孩子知道，讓他們知道自己是家中的一份子，幫助他們在這樣的對話中看見他人的需要。

在學校的課程裡，老師可以從基本知識的給予，延伸到議題思想。若課本教到鳥類變遷的知識，那麼就趁機問問孩子：「鳥類為什麼要搬家呢？」實際場景中的學習更好，我帶著學生在澎湖划獨木舟時，看到一群飛鳥飛往岸上，我立刻就告訴學生不要上岸。為什麼不要上岸？因為鳥類變多，代表岸上有很多鳥類的卵。獨木舟一上岸，鳥蛋就全部被踩破了。透過這樣的教學方式，想到他人需要就能漸漸成為孩子的反射能力。

08 同理心

在多元文化的世界中快樂生活的秘訣

「同理」是站在別人的立場將心比心，能夠理解別人的感覺，並採取正確的回應。一個有同理心的人，能夠感受到對方的情緒狀態和情緒產生的可能原因，即便知道自己與對方有不同之處，仍可以選擇彼此尊重。

很可惜的是，現在的教育很少告訴孩子「同理」是重要的，這讓孩子只看見事情的表面，忽略背後真正具有影響力的原因。舉例來說，缺乏同理能力的人碰上一台開很慢的車子時，會朝著對方猛按喇叭，沒有意識到開車的是位七十幾歲的老伯伯。他們看待弱勢族群的想法，很可能會認為是這些人不夠努力和上進，從未想過在這個競爭激烈的社會裡，有些人就是會逐漸被淘汰。

同理心的範疇，由內而外包含了對自身情感、對家庭系統、對社會環境的理解。若孩子對所處的社會缺乏同理，就會凡事只想到自己，面對與自己無直接相關的人事物都很冷漠，也缺乏對生活的熱情。

在戶外冒險教育的課程裡，同理心是陪伴孩子戰勝挑戰的要素，授課老師需要有非常高的同理能力。舉例來說，孩子下山時碰到比較陡的下坡路，一定會不斷重複：「老師，慢一點。」、「老師我會怕，我好像不行……」有些路段一走就是六、七個小時，我和其他的指導員要一遍又一遍地告訴他們：「你抓著我的手，慢慢走，你可以的。」

如果缺乏同理心，老師就會以自己的經驗認為「爬這種路根本沒有什麼好怕」，無法有效回應孩子的需要。

無效的回應包含一直告訴孩子「不要害怕」，因為這個正在下坡的人雙手發抖、額上冒汗，他心中緊張的情緒已經飆到高點，這樣的恐懼不會因為一句「不要害怕」就消散，一定還是會怕啊！在山裡要過溪時，若孩子不敢過去，戶外指導員應走到溪流中間作中央點，讓孩子知道有他在中間，而不是站在隊伍後面，催促孩子往前走。

同理的能力讓我們願意了解、主動詢問對方擔心或害怕的原因，提供適切的幫助。「我知道你很害怕，但是老師就在你的旁邊，我陪你慢慢走。」用孩子可以接受的速度與他同行，當他的速度開始變快，大家會一起愈走愈好。

在多元社會裡「真正為他人著想」

當我們帶孩子經過台北火車站，一定會看到很多席地而坐的街友。從小培養同理心的孩子，會在「嘲笑」和「嘗試了解」中選擇後者。雖然可能害怕，但他們會嘗試用更廣大的視野去關心這些事，知道這些人不是不願意努力，而是努力了仍無法翻身。回到生活環境裡，他們能觀察班上同學的處境，知道有些同學因為家庭經濟因素沒辦法補習、沒辦法參加畢業旅行，或者是下課後要接著工作，好貼補家中需要。

這樣的人常把別人的需要放在心上，很自然地，在人際的應對與領導風格上也比較成熟。這是台灣教育相當缺乏的，我們告訴孩子要努力讀書、要想辦法在激烈競爭中脫穎而出，卻沒有告訴孩子要為別人著想、要思考自己能在別人的需要上做點什麼。

非洲蚊帳大使凱瑟琳發起「為非洲孩童募集蚊帳」的時候，年僅七歲，孩子並非沒有能力或不願意這樣做，只是我們從未把「同理的能力」視為一個孩子的必備特質。

在這個愈來愈講求對多元文化的理解和尊重的社會，如果沒有同理心，那麼我們所提供的服務或幫助，很容易成為「文化霸權」。特別是在國際關懷和社會服務的領域，若我們不認為需要了解對方的文化，或自以為懂得對方的需要，我們所做的事情很容易只是在強迫對方接受我們認為好的、文明的生活方式。

舉例來說，我有次帶學生到尼泊爾照亮生命英語小學服務時，他們看到當地人在學校旁燒垃圾，不論是紙類、廚餘、塑膠袋、寶特瓶，統統混在一起。他們生氣的說：「這樣燒垃圾會造成空氣汙染啊！」、「我們都已經幫忙把垃圾分成不同的類別了，怎麼還放在一起燒？」、「全球暖化就是這樣出現的……。」

「你們知道自己站在什麼地方嗎？」我說，這裡是一個沒有焚化廠的地方，垃圾不趕快燒掉，緊接而來的就是病媒蚊的孳生，更可能造成嚴重傳染病。「沒有焚化廠，你要他們怎麼處理每天的垃圾？」

不論有沒有同理心，我們都可以在有需要的地方付出自己的時間與心力。關鍵差別在於，有同理心的人會願意、甚至是先提醒自己了解對方的狀態和真實需要，不會為了要做成什麼事情，而刻意忽視、不看重或破壞對方的文化樣貌。

如果要去的國家是一個風俗民情較保守的地方，有同理能力的人就會留意自己的穿著，避免過於暴露。一個基督徒要向客家人傳福音時，一定會想到這個人背後所擔負的宗族壓力。若不去理解別人身處的環境和背景，我們所做的事經常是徒勞的。

我們很習慣直覺式的評斷和自己不同的文化、政治立場或經濟背景，不去想別人可能的困境。真正的同理和設身處地為人著想，來自於清楚知道別人和你不一樣，理解對方的需要，接納對方的獨特性。即便在衝突有明顯的對錯，也不會第一時間就有理的要求對方道歉，而是能夠先緩下腳步，思考對方說出或做出這樣行為的原因。

有同理心的孩子更幸福

孩子必須從同理自己的感受開始，才能把這樣的同理能力轉移到整個社會，這是非常重要、也是非常大的挑戰。

在我成長的年代，父母為著每天的生活努力打拚，孩子為了想像中的光明未來而努力讀書，很少有機會察覺自己的感受，一有負面情緒，就習慣性地壓下來，從來不知道自己也需要被同理，自然很難同理別人。

隨著我們的社會愈來愈文明，除了物質條件，人們開始把「幸福感」納進生活品質的一環。於此同時，社會裡出現更多元的聲音，我們愈來愈理解人與人之間的差異，這個差異卻不應該影響社會資源的取得，以及身而為人應該得到的尊重。我們願意尊重和自己不同的人，也期望自己的獨特性能被看見和接受。

在這個時代，同理的能力比過去更重要。沒有能力理解別人的人會活得很辛苦，因為聽不見、不明白和自己不一樣的聲音；能夠平等接納彼此的人，反而會在積極肯定別人的時候，減少對人、事、物的怨懟。明白生活在這個地球上，每個人的先天條件、生命狀態、對生活的期待就是不一樣，不用強迫別人照自己的意思做事，也不會一天到晚和別人比較。

少了比較，多了對他人的同理和接納，自然過得比較幸福。

被同理的人生有改變的機會

我在一個弱勢的家庭中長大，從小聽著母親被家暴的呼救，讓我在長大以後特別關心弱勢孩童的需要，以及那些面臨家庭危機的中年婦女們。過去的經驗形塑成現在的我，這些痛苦的記憶激發我對相似處境之人的同理，讓我走上冒險治療與助人的行業。

我們的學生不懂得為什麼要有同理心，因為很多老師也對這件事情一無所知。

在同理心的幾個不同層次中，最低層次的同理是「有聽到卻給予無效的回應」。我常常聽到父母告訴孩子：「我不是講過了，你怎麼還犯錯！」這種同理不但沒有實際效果，還可能帶來傷害。

稍微好一點的方法是「針對內容做出反應，卻只停留在表面的回應」。舉例來說，孩子表達自己不想去上學，因為會被老師罵。孩子反應的是心中的無助感，這才是真正需要被幫助的部分，家長卻很容易下意識回應：「那你就不要去上學。」

最深度的同理，則是在明白孩子很害怕以後，更進一步了解孩子的掙扎、擁抱他本來的樣貌。當我們有能力真實同理別人，這樣的行動可以帶出很大的力量，讓孩子知道有人了解自己正面臨的困難，也有人願意陪伴他們慢慢往前。

很多中輟的孩子缺乏被同理的經驗，即便父母很關心他們，他們真實的生命樣貌和處境卻沒有被理解。一個對念書沒有興趣的孩子，被高壓管教的父母逼得喘不過氣，又或者一個在人際關係上遇到困難的孩子，每一次到學校的經驗都很痛苦，這些情況都讓他們選擇逃學，拒絕與老師和父母溝通。

同理這些孩子，從不帶批判的陪伴開始。我和他們在一起，用他們的語言和他們對話，也安靜聽他們說話。許多孩子在被理解之後，自然會在生命中做出一些改變，我有很多這樣的經驗。

如同前面所說，真正的同理是先了解對方真實的樣貌，進而採取適切回應，而非一股腦地用自己的想法改變對方。同理帶來接納，我們對孩子的期待，不應該大過我們對孩子的愛。不要急於達到什麼目標，要有耐心地陪伴孩子前進，每一步都走好，就會愈來愈健康。

有同理心的人，會願意為了別人放慢自己的腳步，傾聽別人的困難並給予協助。雖然眼前的情況不一定會因著我們的同理而出現改變，但這股支持的力量是充滿能力的。

從未接納過自己的情緒，何來同理他人的能力？

其實，同理的功課並不難教，老師和父母卻常常忽略這個能力，認為不需要教、也沒有那麼重要。

這個問題從班上同學間的互動就可以看出來，如果學校教育常常告訴孩子要有同理心，學生們就比較不會用嘲笑的方式彼此對待。如果有孩子便當的菜比較少，或是繳不出班級旅遊的錢，有同理心的孩子會帶著更多關懷來面對。

同理心的培養不是一直告訴孩子「要同理別人」、「要站在別人的角度想」，而是來自於傾聽和覺察自我感受的能力。我們要鼓勵並幫助孩子，對自己的狀態有所覺察：你的想法是什麼？你的感受是什麼？當他們面對有著類似經驗和感受的人，才能真正設身處地為別人著想。

小時候家裡窮，我曾經用箱子當書桌；長大以後也在人生的一個關口，差點走不下去。我貧窮過，知道窮的感覺和貧困家庭的需要；我失落過，知道對生命全然絕望的感受。我也曾經是個中輟生，所以可以體會師長和父母口中「叛逆孩子」的憤怒、被遺棄和忽略的痛苦感受。

我看過很多非常用心在教養上的父母，他們辭去很好的工作陪伴孩子，也給孩子很好的生活，但我們能不能多引導孩子思考，生活中哪些事情讓他們感到快樂？這些幸福的生活背後，帶有哪些人的努力？知道這些事情以後，他們又有什麼感覺？

沒有人會想看到父母辛苦與疲累的一面，但是讓孩子看到這些的掙扎，他們才會跳脫以自我為中心的思考，不會認為這一切都是理所當然。很多孩子不懂父母親維持一個家庭的辛苦，直到有一天自己成為父母，才知道當爸媽有多不容易。

陪伴孩子更多體會自己的情緒和感受，從了解自己開始，自然會去同理身邊的人。

總是壓抑情感的孩子，很難看到其他人的掙扎

在我的成長過程中，自我覺察的能力給了我很大的幫助。年輕混幫派被警察抓的時候，我問自己，我要一輩子這樣活嗎？在家暴家庭中長大，我告訴自己，我要努力過得比現在更快樂。雖然小時候的我在「被同理」這一塊很缺乏，但我知道自己想要什麼、做什麼事情會讓我很開心，我的自我覺察是足夠的，讓我能積極解決人生的問題，並在往後陪伴很多人走過他們的人生問題。

父母要幫助孩子去了解自己的感受，刻意的忽略或壓抑是很不好的做法。像是告訴跌倒的孩子：「你不要哭，趕快站起來。」一般來說，孩子不但不會停止哭泣，還會哭得更大聲。孩子難過的情緒還沒被理解，就被強迫要立刻站起來，這會造成孩子抗拒大人的話，在沒有機會處理情緒的情況下，就牙一咬，把眼淚和一切往肚子裡吞。

幼稚園或更年幼的孩子，還不太會用言語表達自己的感覺，哭鬧和生氣就是他們表達情緒的方式。老師和父母可以從旁引導，讓他們練習用簡單的語言或別的方式察覺自

己的感受。我們要盡可能陪伴孩子走完面對情緒的過程，除了讓他們知道自己的感受，還要了解情緒背後的原因與可能的處理方式。

覺察是培養同理心的基礎，彼此環環相扣。引導孩子清楚說出自己的情緒與情緒背後的原因，他們才會知道要採取什麼行動來回應。擴大到其他人身上，孩子才能對他人的感受有察覺，不會對環境和別人的需要冷漠以對。

不要只從自己的角度思考

台灣的出生率逐年下降，根據美國非營利統計機構「人口資料局」（Population Reference Bureau）二〇二一年八月的報告資料，台灣二〇二一年的生育率預測只有一．〇七，全球倒數第一。在少子化的年代，平均一個家庭只有一個孩子，他們從小得到父母全部的關注與寵愛，如果沒有人告訴他們要為其他人想，他們很難主動站在對方的角度思考。

我遇過一些青少年，面對弱勢族群時會用「活該」、「不努力」的字眼來描述。他們對於別人的弱勢處境、無法跟上競爭激烈的社會時，竟是用恥笑的方式來回應。我們的家庭和教育體制，卻很少針對這一點與孩子開啟對話。

有手足存在的家庭社群，是培養同理心最好的地方，啟發孩子將心比心的思考能力。舉例來說，妹妹出生以後，哥哥要適應爸媽不會再只專注在自己身上，很可能睡前的故事時間會縮短，因為媽媽需要餵妹妹喝奶、哄妹妹睡覺。孩子會脫離以自我為中心的思考，明白新生兒需要更多的陪伴，即使要與妹妹共享父母的關注，也能健康面對。

以兒童為唯一中心的教養方式，孩子會忽略看到別人的生命樣貌也是重要的，不習慣傾聽和溝通，面對別人的情緒也比較冷漠。如果我們不教孩子同理心的重要，未來社會裡的良善和溫暖就會愈來愈少。

同理心不會無中生有

孩子在家中沒有同理他人的生命經驗，在學校沒有被教導也沒有被提供機會，出現缺乏同理心的行為並不奇怪。

如果班上有位被診斷自閉症的同學，他要很辛苦的跟上一般孩子的學習進度，同時在情緒表達和人際對話上遭到訕笑。這時，老師有沒有可能與孩子們對話，讓孩子理解自閉症的成因和行為模式，帶著他們思考：為什麼這樣的孩子會有情緒表達的困難？為什麼相處起來很容易會發生衝突？告訴他們這些孩子背後的辛苦，以及其先天生理系統的特殊之處，而不是直接教訓、處罰這些嘲笑自閉症孩子的人。

這個重要的過程會讓孩子意識到，世界有很多不一樣的人，這些差異帶來不同的想法和行為，但我們可以尊重每個不同。

當我們在乎其他人的感受，在乎到願意共同分擔辛苦，自然會帶出同理的行動。我常常有這樣的觀察，當獨木舟停靠岸邊時，我幫忙搬船，有一些孩子站在旁邊看，也有一些孩子問都不問，就會主動來幫忙。這就是成長過程所造成的差異，有同理心的人會觀察到別人的需要，主動給予幫助。

這是我平常在課程中就在做的。一群人出去划獨木舟時，有人受傷就幫忙清洗傷口和擦藥，有人搬不動獨木舟，那就大家一起幫忙搬到目的地吧！事實上，生活周遭有很多培養同理能力的機會，從老師開始帶頭做，讓同理心成為孩子的生活文化，這也是領導者必備的特質。

給親師的實用錦囊——

引導孩子同理，先幫助他們說出自己想法

我帶研究生去澎湖吉貝嶼划獨木舟時，臨時加入一個行程，讓吉貝嶼的孩子一起來做獨木舟。如果學生有同理能力，會知道這是很棒的安排，不懂得同理的人，就會只看到多出來的麻煩。

我花很多時間和他們對話，用對話的方式幫助他們思考：「為什麼老師要做這樣的安排？」、「這些住在吉貝嶼這麼久的孩子，卻從來沒有體驗海洋獨木舟的機會，你們怎麼想這件事？」讓他們知道這是一件有意義的事情，值得我們付上額外代價。

活動結束後，我也會引導學生反思：「今天帶這些孩子划獨木舟，大家有什麼想法和感受？」藉由反思的過程，我們的同理心會更多被激發出來。我常常帶孩子們到偏鄉和海外服

務，在實際的情境中認識不同群體的需要，讓他們去思想和分析這些人與自己的不同。為什麼尼泊爾郊區的人要在學校旁燒垃圾？看見打學生耳光的老師，我也會問學生：「看到老師打學生，你有什麼感覺？」

給孩子學習同理的經驗

如果孩子的學習只在教室裡，他們不會看到海邊有多少需要被處理的垃圾，也不會有機會思考這些垃圾產生的原因。缺乏生活經驗的人，很難同理其他人的情緒，因為他們不曾走過這段路。從來不用擔心繳不出學費的孩子，沒有辦法體會「有書可以念」這件事多麼需要珍惜，對那些每個學期都要拚命湊錢繳學費的孩子來說有多麼珍貴。為什麼不出去找工作，要席地而坐當街友？如果體會過激烈競爭社會下的無情，或許就不會說出這樣的話。

老師可以多找一些實際的議題和學生討論，透過對答、反思與情境的模擬，引導孩子了解不同文化和背景下的人們，在生活和想法上會有多大的差異。除此之外，老師要讓學習場域從教室拓展到生活，給孩子機會表達自己的想法和探索自己的狀態，不要囫圇吞棗地把事情解決了，真正核心的問題卻沒有處理到。舉例來說，教孩子如何處理衝突，比「擺平」爭執事件更重要。

父母在孩子小的時候，可以多鼓勵他們說出自己的感覺，讓孩子從感受自己到感受別人，同理心很自然會建立起來。

兩歲的孩子正值自我中心的高峰期，如果爸爸媽媽在這個時候生了第二個孩子，可以趁這個機會多問孩子：「妹妹出生了，爸爸和媽媽要多花一些時間陪伴她，跟你相處的時間會變比較短，你有什麼感覺呢？」當孩子可以理解妹妹的需要，同理的能力就出來了。

如果父母從小不教孩子要覺察和同理，也沒有給他們暢通的管道表達情緒和想法，孩子很容易在不知不覺中，變成只在意自己、對身旁人事物冷漠的人。

從同理自己，到能夠理解不同處境的人，並適切回應對方的需要，這會是一個非常美好的過程。

09

領導力

累積領導能量兩要素：體察身旁需要、溫柔做出行動

領導力的定義，是一個人因著自身的地位、專業能力或人格特質，帶領一群人達到某個目標的能力。我教了十多年的領導力課程，其中包含很多重要的議題與綜合性的能力，像是如何包容和理解與自己不一樣的人？怎麼樣進行有效的溝通對話？領導者所做的事情與品格特質是否讓人敬佩？好的領導者在設定有價值與意義的目標時，還能夠在這個過程謀求團隊成員的共好。這確實是非常具有挑戰性的一件事！

從孩子小的時候到他們漸漸成年，老師和父母教導他們面對事情的方式，會直接影響往後的領導能力。只有專業知識或響亮頭銜都不夠，我們要給孩子一個能夠看見需要的眼光，讓他們常保對求知的渴望，給他們付諸行動的能力，這會是很好的開始。

好的領導力是理性與感性的展現

除了理性的分析、判斷和決策力，領導力還包含察覺他人感受，以及看見身旁需要的感性能力。一個很懂邏輯分析的主管，若是缺乏了解員工處境的能力，就不能算是一個好的領導者，因為這樣的人看不見職業婦女或單親爸爸背負的家庭壓力。真正有領導力的主管會看見他們的難處，提供所需要的支持系統，想辦法讓整個團隊往共融共好的方向前進。

我在教學中帶進這樣的觀念，在訓練孩子的領導力時，除了給他們戶外冒險教育的知識，活動中的觀察與事後的回饋，也包含軟實力的覺察。舉例來說，我會告訴孩子怎麼看地圖和等高線，我也同樣重視在行程中與團隊的溝通能力、決策力、問題解決力與挫折容忍力。特別對於那些被選作「當日領隊」的孩子來說，帶領團隊走到山頂的過程，比團隊一起登頂更重要。

我們在下山以後，會有一對一的討論和團體分享時間，細膩的給孩子們回饋。我要讓孩子們知道領導力是可以被訓練的，不只是可以把事情完成，在過程中勾起的情緒和與過往經驗的連結，帶著孩子對自己的生命有更深一層的體察。為什麼這個人的帶領風格特別強烈？總是用命令式的語氣講話？為什麼對方聲音一變大聲，你就不敢講話？這些是我會和孩子談的事情，讓他們知道自己的需要，以及生命當前狀態的限制。

西方社會很重視領導力的訓練，我曾經在美國上過為期三天的領導力課程，課程內容和事後的回饋都經過非常仔細的規劃，單一次收費就超過十萬。在活動進行的教室外面，每一個學員都有一位專業老師在雙面鏡外觀察，在整天的活動結束後給予回饋。從領導風格、回話的方式、團體參與的積極度，一直到講過哪一句話、出現哪些不一樣的表情，連這麼細微的表現都會被記錄下來。

領導力的成熟度與認識自己的程度有直接關係，別人只看到冰山一角，但隱藏起來的，才是會對我們生命造成真實影響的事情。為什麼這個人很難信任自己的員工？為什麼很難接受員工的建議？這些可能都與原生家庭和過往的受傷經驗有關。

我幾次和企業老闆談話，發現不論在職場上有多厲害的成就，這些事情並沒有給他們更快樂的生活。這是因為對領導力的理解出了差錯，誤以為有頭銜就可以帶著一群人向前衝，有地位就代表是一個好的帶領者，公司會成功，人生也會一帆風順。

很多人卻在失去職場的頭銜和地位以後，就此一蹶不振。或是在思量公司交棒之際，驚覺自己這麼努力，竟然沒有一個年輕人願意接下這個耕耘已久的產業。有個企業老闆告訴我，他想也想不通，這是一個有發展性也相當成功的事業，為什麼下一代不願意接手？從理性的角度來想，確實會卡住，但從感性的角度思考，追求有品質的生活和一個成功的事業，在年輕人的心中同等重要，辛苦賺錢卻沒有品質，當然不會是首選的考量。一個好的領導者會用更高的價值吸引人跟隨，而非膚淺的名望和利益導向。

能協商，願意妥協與體察他人需要

具有領導力的人，知道怎麼樣面對衝突、處理人與人之間的關係，也願意放下身段協商各種事情。這些經驗幫助孩子成為更好的領導者。領導力從三歲就可以開始培養，小學五、六年級更是一個絕佳的鍛鍊時機。

如果老師願意放手，讓國小六年級的孩子規劃班級旅行，給孩子固定的預算讓他們自己安排行程，在這之中能學到的事情，會多得令人驚訝。把這一切交給老師決定當然容易很多，全班花十分鐘的時間投票表決就可以了，但這也剝奪了孩子學習彼此對話和討論出一個共同決策的機會。要去哪裡玩？要住多好的旅館？路程中的交通怎麼安排？其中牽涉的事情相當細瑣與複雜。

班長或此項專案的領導者，需要想辦法引導每個孩子發表自己的意見，並且在各種不同聲音中相互協商和妥協，最終找到一個大家都認同的決定。這個過程，不只對帶領者是很大的練習，其中的每一個成員，也在學習協商和妥協的功課，這是真實人生裡一定會碰到的挑戰，不願意妥協的人心裡總是充滿抱怨，社會也因此出現很多問題。

用投票的方式比較簡單，但真正好的領導力，是能帶領一群人甘心樂意的一同前進。從訓練孩子管理家庭事務和經營班級事務開始，讓邏輯表達力、問題解決力與溝通能力慢慢提升，他們會漸漸明白，怎麼樣帶領團體從各持己見，到找出一個共好的方式，並且在其中看見每個人的難處與需要。

能體察自己和他人的需要，是一位好的領導者所必備的能力。這樣的人能在職場中被重用，成為好的企業經營者與人才管理者。他們可以留意到職場婦女的難處，體會團隊成員各自的長才與短處，並且隨時保持彈性，在需要的時候做出調配，好讓整個計畫、甚至是公司的未來走得更遠也更好。

一堂「埋大便」的行動課

一個好的領導者因著對身旁環境的關懷，自然會帶出相應的行動。

我常說，山林裡就是最好的教室，跟著我上山的孩子，走到哪裡就可以學到哪裡。我想給他們更寬廣的視野，也提醒他們要用更細膩的眼光留意周遭發生的事情，因為無處不是學習的機會，抱著對學習的好奇心，孩子會成為充滿行動力與有溫度的人。

有一次，孩子和我走在山上時，看到路旁有一團大便和衛生紙。「同學們，看看這是什麼？」「老師，好像有人在這裡大便耶！」我問他們，大便出現在這裡，這樣是好還是不好呢？

「不好，因為會有人踩到。」怎麼解決最好？孩子們都知道要挖洞，那麼洞應該要怎麼挖呢？從一團大便開始，我為這些眼睛發亮的孩子，上了一堂無痕山林的「排遺處理課」。不要小看埋大便這件事，聽起來很簡單，背後卻有很大的學問。

在山林裡大便的人很多，怎麼樣處理排遺，才是符合無痕山林倫理又不會對自然環境帶來負擔的方法？十五到二十公分是最好的深度，因為太淺會被小動物挖起來吃下肚，人類糞便裡的細菌，可能在小動物身體裡產生變種的病毒或是傷害，同時對整個生態帶來危害。挖土的方法則是先挖到右邊，第二層土挖到左邊，需要留意不同土壤層的養分和菌種不一樣，鋪土後不要用腳去踩，踩下去氧氣就沒有了，影響後續的分解。

山路旁的大便可以教我們的東西實在太多了，如果有時間的話，我還很樂意談談香蕉皮的處理呢！這些長大以後再也不在意的事情，卻藏著相當豐富並讓人感到驚奇的知識。讓孩子在這樣的學習氛圍中長大，就會曉得每件事情都有背後的原因，每個問題都可以有更好的解決方法，在這個繽紛多變的世界裡，無處不是可以學習的教室。

激起孩子對身旁世界的關懷，讓他們對事情充滿熱忱，不要太快習慣於滿足現狀。在這一連串看見需要、找出問題、解決問題的過程裡，累積出非常大的綜合能力，這些都是日後領導力爆發的巨大能量。

「當班長」不會自動讓孩子變成好領袖

我們很少教育孩子成為一個好的領導者。

雖然學校會選班長和風紀股長，但把孩子推上一個位置，並不會讓他們自動成為一個好的領導者。這是一個很好的機會，但更重要的是，老師有沒有在這個過程引導和陪伴孩子，帶著願景在這個環境中帶出改變。

很大的問題是，老師自己也不知道要怎麼領導，被選出來的班長也只會跟著叫學生不要講話、準時交作業、專心上課。

看孩子是領袖，給他們可以實踐的願景

我帶學生去登山的時候，時不時會看到同行的老師像孩子的爸媽一樣，一下提醒要穿衣服，一下又提醒要記得喝水。如果總是用對待孩子的眼光來看學生，那他們就永遠就只是孩子，用看待領袖的眼光去看他們，他們才有機會成為一個好的領導者。

我在國外看過一些老師經營班級的方式，他們鼓勵班上的每一個人輪流出來擔任班長。一個學期有十六週，讓十六個孩子輪流作班長，全班同學都會知道，當領袖其實是很困難的事情，但是每個人都有機會成為一位好領袖。

當老師在選班長的時候，心中要有一個更大的眼光——我在做的是領袖訓練！現在班上的風氣是什麼？哪些孩子之間的相處有問題？怎麼樣讓班級氣氛更團結？讓常常吵架的學生們可以和好。把這樣的願景給孩子，讓他對自己身為領導者的身分有期待，孩子絕對可以做到比「收作業」更有意義的事。

不要把孩子推上一個位置，卻不給他幫助和回饋

我在進行「當日領隊」活動時，第一天讓孩子看我帶團隊，隔天就把領導權交給他們。在當日領隊帶著全團下山的晚上，我們會圍圈彼此分享，輪流給予當日領隊回饋。我的目的是讓孩子看到自己的優點，同時也知道自己的限制並提供他改變的方法。

操練領導力的過程裡，孩子需要知道自己有機會改變，而且可以帶領團隊達到目標。團體討論的過程也不是要檢討他做的多糟糕，更不是要否定他的價值或讓他倍感挫折，好像自己的問題很多，以後再也不要當領袖了。若我們只是把孩子推上一個位置，卻沒有給他方向和指引，也沒有事後的回饋，這樣的機會可能反而成為一種傷害。

在領導力訓練課程裡，我的渴望是建造台灣的每一個孩子——小學生、中學生和大學生成為能站上國際舞台的青年領袖。因此我給孩子的領導課程很扎實，我會告訴他們怎麼判斷危險的地形，在這些地方要如何幫助其他團隊成員通過。經過哪些地方必須放下當日領隊的角色，交由老師來決策，因為這個責任你沒有辦法承擔。

我也會讓孩子清楚他的領導界線，什麼時候老師會和他借半小時上課，上完課就交還領導權，又在哪些情況下老師會收回領導權。我很高興看著孩子在這個過程中成長，讓他們在得到支持和幫助的情況下學習領導的功課。

很多公司企業有類似的問題，從來不告訴員工怎麼領導，突然有一個機會或是資歷夠久，就變成主管。但是一個會操作儀器的資深工程師，不會因為當上協理，就自動學會帶領團隊的技巧。領導是推動一群人去執行自己的想法，實踐領導者認為很有價值的理念。領導力的內涵很豐富，包含了向下領導：領導員工有好的績效；向上領導：影響更上層的主管達成目的；平行領導：推動整個組織往前進。這幾個層面都很重要，都需要花心思練習。資深不會讓人自動成為一個好領袖。

台灣的教育應該要幫助孩子成為好的領導者，賦權給他們，鼓勵他們對身旁的環境有更大的期待和夢想。如果從小沒有這樣的訓練，長大以後只會用「權力」和「地位」來領導。當有一天他們失去這個角色，不會留下任何一點影響力，這是最弱的領導方式。若一個人的領導動機是為了打造更好的團隊氣氛、為團體成員謀求更好的生活，因著彼此相顧而建立起的領導關係，即便有一天領導者卸下職責，曾經被你帶領的人仍然會記得你。

我是很典型的領導型人格，以前還不懂事的時候，帶著的是幫派弟兄；洗心革面讀大學，一連當了四年的班長，即使畢業好幾十年，大學同學還是「班長」、「班長」的叫我。這幾年我開始規劃退休之後的生活，陸陸續續有很多人找上門，邀請我與他們共同做一些有意義的事，繼續為教育的夢想努力。我想，我應該是個不錯的領導者吧！

我期待學校老師們可以建立出一個領導力培訓系統，訓練孩子成為班長和副班長。這並不是要孩子交出漂亮的班級經營企畫，而是告訴他們怎麼樣經營班級事務，碰到什麼狀況應該怎麼處理，如何帶領團隊完成一件有意義的事。並且這每一個部分都會明確挑戰到孩子的某個能力，有系統且全面性的幫助孩子在這其中成長。

領導力是全方位能力的養成，每一個面向都很重要。

給親師的實用錦囊——

孩子的好奇心在哪，行動的機會就在那裡

我帶孩子爬山的時候，同時也會教他們很多生態保育的知識，這些結合生活體驗的學習烙印在他們心中。這些孩子下山以後會告訴爸爸媽媽：「下次去合歡山，果皮要拿下來丟，不可以留在山上喔。」、「不要抄捷徑，這樣土石會崩塌，因為植被都被你踩死了！」

我相信老師和父母可以一起合力完成這樣的願景，擴大孩子的視野和眼界，帶著對這個世界的關懷與求知的好奇心，成為改變世界的青年領袖。

帶著孩子一起經營班級事務

除了戶外冒險活動，孩子在平常生活中也有很多操練領導力的機會。像是校外教學和畢業旅行，這些都可以讓孩子試著自己規劃和安排，再由老師從旁協助。班級性的事務更可以交由推派出的班長來負責，國小五、六年級的孩子，開始有能力處理複雜的人際事務和規劃班級共同目標，像是改善班級氣氛或調解同學之間的糾紛等。只要讓孩子清楚違規的處理方式，說清楚在什麼樣的情況下老師會接手負責，就可以賦權給孩子處理班級事務。

一個具有領導力的老師，也可以提出對班級的觀察，將發現的問題和全班一起討論。有領導能力的人會體察到身旁人的需要，一個在提到畢業旅行話題時面有難色的孩子，可能沒有辦法負擔這筆錢。身為同一個班級的成員，我們可以怎麼樣彼此幫助？如果每個孩子多出一百元，這個孩子就只要負擔三分之一的費用，這個問題就解決了。

老師要多給孩子練習領導力的機會和平台，有愈多這樣的經驗，他們會愈知道怎麼帶領團隊尋求共識和解決問題。才不會等到有一天站上領導的位置，卻沒有帶領的能力。

父母可以從與孩子的對話中，多拋給他們一些問題，讓他們不只是被動接收資訊，也可以有主動學習和思考的機會。舉例來說，當我們告訴孩子天冷的時候要多穿衣服，也可以找機會和他們談談，為什麼天冷的時候要多穿衣服？每個小孩都會去學校，那為什麼要去學校呢？仔細聽聽孩子的回答，可能會令你相當驚訝。

在國小五、六年級孩子的眼光裡，這個世界有無限的機會和可能。二〇〇六年有個名叫凱薩琳的五歲小女孩，她寫信給比爾蓋茲，希望他能為非洲的孩子買蚊帳，因為嚴重的瘧疾正在殺死當地的孩子。凱薩琳長大以後，成為有名的「蚊帳大使」，到許多地方演講並發起募款，讓更多人知道當地孩童的處境。

不要小看小學生可以擁有的夢想，在他們對這個世界充滿好奇心和新鮮感的時候，也是尋找答案和解決問題的動機最強烈的年紀。很遺憾的，比起陪著孩子找答案，我們更習慣對他們說：「想這些做什麼？趕快去念書。」、「別人的事情跟你有什麼關係！」

順著孩子的眼光，我們可以幫助他們找到很多行動的機會，這些都可以成為培養領導力最好的機會和平台。

第三部

邁向目的之路

許多美好和有價值的事，
都需要堅持才能看見結果，
如果父母和老師願意陪孩子走，
會為旅途中較辛苦的這段路，
帶來不同的意義和價值。

10

實踐

想好方案就出發！成為有實踐力的主動學習者

我們要幫助孩子成為一個有夢想的人，更重要的是鼓勵他們把夢想實踐出來。如果有偉大的想法和理念，卻沒有執行出來的能力，是非常遺憾的事。戶外冒險教育是我的專業，我相信戶外體驗可以看到人生沒有看過的風景，也能透過不斷的「做」，培養「有想法就去實踐」的好習慣。

二〇一五年，我帶著二十六個師範大學學生騎腳踏車環島，到台東嘉蘭村為兩位獨居老人蓋房子。這一堂四學分的服務學習課程，學生要募款、安排行程和控制預算，還得捲起袖子親手做事。這是在考試和課堂以外不常有的挑戰，並且他們深知這是一個極有意義的學習過程。

這次環島的募款金額是四十萬，在他們過去的經驗裡，能募到兩、三萬已經很不錯了，四十萬是很高的目標。我把手邊的名片和資源給他們，教他們打募款電話、表達自己的需求，不要害怕被拒絕和經歷挫敗。如果錢不夠，老師可以出，繼續嘗試就對了。

我們在騎腳踏車的行程間繼續募款，直到開始蓋房子的第二天，最後一筆款項才進來。戶外冒險教育的有趣之處，在於永遠有新的事情可以嘗試，除了想辦法籌錢，過程中還要寫新聞稿，聯絡當地社工和做工程的師傅。途中碰到困難就想辦法解決，省預算的時候，睡袋一鋪，教室地板或學校升旗台就是最好的床；偏遠的山上沒有熱水，洗冷水澡也可以。

這些有別於都市生活的經驗，提升孩子的適應力，給他們更彈性的思維，學習盤點和調整手上的資源以完成目標。那一年，我們除了幫兩位獨居老人拆房子、蓋鐵皮屋，還親手用木材製作了十二件家具送給他們。過程極為辛苦卻很有意義。

我鼓勵學生更多看見這個世界的需要，當他們的熱情與身旁的需要連結，實踐的能力可以幫助他們變化出各種不同的執行方案，讓每一個渴望的改變有機會成真。這麼多年來，我帶學生參與過宜蘭縣頭城國小外澳分校的「與海為伍」校園彩繪計畫、希臘野鳥受傷復育計畫，甘肅、尼泊爾、泰北和四川也有我們的足跡。

走出教室與真實的生活場景連結，孩子才會知道這個世界的需要是什麼？自己能做些什麼？也唯有透過實踐，才能讓腦海裡的知識活起來。當他們知道自己有能力回應身旁的需要，這樣的理解，會推動他們成為更樂意主動學習的人。

在這一個網路產業發達的年代，網路占據人們生活的一大部分，有愈來愈多孩子躲在螢幕面前，逃避人與人之間的真實接觸。實踐的能力在這樣的時代更顯重要，不只是為了完成某件事，更是要幫助孩子在人際溝通技巧、解決問題與忍受挫折的能力上有所學習。

「翻船」是實踐夢想的必經之路

在獨木舟的運動裡，有一種名叫「Cowboy」的牛仔復位法。當划船的人在海上翻船，身旁又沒有其他人可以協助，為了重新進入船艙，這個人必須抓住船身兩側，一鼓作氣地把船尾往下壓，再抓著船身緩緩往前移到船艙座位。在熟稔這個技巧以前，需要經過十幾二十次的失敗，不停地落海與翻滾，才有可能成功。

沒有勇氣去做某件事情，許多時候是來自對自己能力的不了解。實踐經驗的累積，幫助孩子了解自己能力真實的可能與極限，以及在完成夢想的這條路上，所需要加強的能力。

為了航向目的地，划獨木舟的好手一定要學會在浪濤中穩定船身，翻船後要有能力復位。我們對孩子的教導也是這樣。鼓勵他們在害怕以前先嘗試，透過不斷實踐來調整腳步，失敗就再試一次，享受掉落與翻滾的過程，這些經驗會幫助我們，更游刃有餘地面對往後的挫敗。

不要讓孩子「什麼都知道」，卻「什麼都做不到」

十二年國民基本教育的學習場域仍以課室為主，從國小、國中、高中到大學，孩子聽了很多知識，通過許多考試，能學以致用的程度卻相當有限。「知道」與「能做到」有很大的差別，台灣的教育普遍缺少「實作」的環節，讓孩子對於完成一件事情的過程缺乏基本的了解。久而久之，學生也就失去「有夢想就去實踐」的習慣。

實踐的能力包含現場的知識、資源的連結、團隊與社交網絡的支持，此外還要加上本身的創意和問題解決力，才能真正摸索到完成一件事情的精髓。完成以後，透過反思和對話，將過程中的實務經驗整合成一個有價值的概念，這才是真正經過消化後，屬於自己的知識。

沒有行動的知識是死的，最好理解的例子就是騎腳踏車。我們可以用很多張圖片分解騎腳踏車的步驟，但是不論多麼仔細地講解，沒有真的踩踏板，這些知識很快就會被遺忘。換一個角度來說，如果我們讓孩子實際騎上腳踏車學習，不需要知道這些細瑣的步驟，身體會在一遍又一遍跌倒的過程中，找到保持平衡的方法。

當孩子學會騎腳踏車，身體的肌肉、情緒、平衡的能力都刻印在神經元裡面。在這之後，我們可以再一次了解騎腳踏車的步驟和身體維持平衡的方法，反思實作過程中碰到的問題或感受。鼓勵孩子做中學，最後再用文字的知識包裹實作的經驗，這就是體驗教育中知識養成的系統。

從記憶為導向到體驗式教育

在我那個年代，記憶為導向的學習模式是傳遞知識的主要方法。直到進入二十一世紀，網路生態的蓬勃發展讓資訊量大爆炸，過往死背硬記的方式已經派不上用場，用不出來的知識更等同於無用。早在十九世紀提出「體驗教育」概念的教育家杜威，他強調以學習者為中心、教育即生活，成為空有知識卻沒有行動的教育困境的一個解方。

體驗式的教學豐富孩子的學習歷程，有愈來愈多學校願意開始做這件事。有些私立小學納入種菜、養蜂、登山、溯溪和騎腳踏車等戶外課程，讓孩子在一年中有幾次這樣的體驗。以前被視為基本能力的活動，現在變成一種只有在私立學校裡才有的教學方法，想想也是挺有趣的，但也挺諷刺。

一〇八課綱強調情境式學習，認為教育不能只限縮在課室內的學科知識，更需要與真實的生活情境結合，但我們孩子與世界的接觸仍然不夠多。西方教育底下的孩子在面對問題時比較積極，思考方式也更有彈性，因為他們不只是被動地接受老師的知識，有更多積極實踐的生活體驗。

不要再把完成作業和通過考試，當成習得知識的唯一標準，父母和老師要培養孩子成為更積極的學習者，擁有「主動出擊」的實踐者思維，才不會與真實世界脫軌。

給孩子機會，讓他們知道「自己可以做到」

許多好大學的孩子都很會念書，不過卻有為數不少的學生，連燈泡或日光燈都不會換，甚至連瓦斯爐都不會開。他們頂著高學歷光環，卻缺乏基本的生活能力，這代表台灣的學校教育在一定程度上與真實生活脫節，派不上用場的知識又有何用？

過去十幾年開始注重戶外教育、偏鄉服務、實習與交換，這些都是實踐教育的範疇。對我來說，戶外是最好的教室，捲起袖子做事就是吸收知識最快的方式。鼓勵孩子獨自規劃一趟旅行，自己做一張椅子或獨立發起一次募款計畫，這些都是我在教學場域裡提供給孩子最好的練習機會。

在我的教育理念中最重要的就是「看見需要」，而「實踐」是我的教育方法，當這兩者結合的時候就可以變化出非常多種執行方案。

我帶學生參與過盜採砂石事件的檢舉案、攀登喜馬拉雅山、為尼泊爾照亮生命小學的興建教室募款與儲水池興建，也曾經到美國阿拉斯加冰河划獨木舟來一場終身難忘的海洋教育課。

世界如此之大，每一個地方都可以是最佳的學習現場，孩子們會更多看到自己的價值與生命的可能性。論到專業技能的提升、情緒的認識與學習、人際溝通與相處和面對困難的態度，這些都是傳統的教學方法沒有辦法取代的。

現行的教育體制很少納入這樣的課程，我們不重視成績以外的能力，認為與其花時間往外跑，不如好好坐下來念書，孩子長期受到這樣的教育，沒有意識到自己可以擁有夢想，畢業以後就成為龐大社會底下的一個小齒輪，日復一日地失去對生活的熱忱，更不可能有圓夢的勇氣。

如果經濟環境許可，我也很鼓勵學生們到國外交換或實習，適時接觸新環境對孩子來說是很好的刺激，可以開闊學習的視野，比限制在課室內的學習更有影響力。

用「身教」為教學注入生命力

在冒險教育的課程中，老師和學生會有很多的相處機會，這是我喜歡把學生帶到戶外的原因。現在很多老師下課就回到辦公室，課堂外的時間與學生毫無交集。教育應該是生命與生命的碰撞，少了真實的情感連結，能給學生的只有冷冰冰的知識。

我和學生一起去划獨木舟的時候，我雖然年近六十，照樣要和那些二、三十歲的學生一樣搬船、洗船。戶外的學習課程一般來說都是兩週、一個月起跳，共同生活在一起的日子裡是沒辦法假裝的，我也會犯錯，也會有生氣的時候。但是我很享受這樣真實的關係，我們一起睡在海邊，一同在汪洋海浪中挺進；海外遠征的時候，我們掛在六千公尺的岩壁上，想辦法登上到喜馬拉雅山的雪線。

在這些充滿挑戰的時刻，我們彼此鼓勵和陪伴，這樣的相處比起站在講台看著台下兩百多位學生，建立起的情感更深刻。因為我陪著他們一同實踐，我也看得到他們在課程中的改變，變得更勇敢，更樂意嘗試。

給親師的實用錦囊——

做中學、學中做，豐富孩子的生活體驗

從事體驗教育二十多年，我帶著學生跑遍全台灣，走訪過數個國家，課程多的時候，一年將近一百五十天在戶外。挑戰自我和服務學習是我的課程主軸，騎腳踏車、登山、划獨木舟、海外蓋學校等都是課程內容。我帶著學生們一磚一瓦地蓋房子，從七星山、合歡山、玉山到喜馬拉雅山，很清楚地看見他們成為一個更有韌性的人。

曾經有一次，我帶學生從台南騎腳踏車到屏東縣枋山鄉的楓港，抵達的時候已經是晚上十點多，路程中還遇到豪大雨，大家都淋得一身溼，非常地狼狽。我還接到家長的抗議電話，孩子在與家長溝通的過程也是滿臉愁容。學習面對並解決這些事情，正是冒險教育其中一個重要的精神。

要拿到我的課程學分並不容易，除了要在戶外活動中突破自我，還經常有募款的壓力。還在體育大學的時候，我帶了一群中輟生到紐西蘭環島，募款金額是七十萬，出發前只募不到一半的金額，我們決定照樣出發。我說，錢不夠就老師先出吧，既然這是一件有意義的事情，我們就要勇敢地向前進。沒想到到臨行前的記者會，我們的行動方案竟然感動了一位公司老闆，為我們補足剩下的款項。

雖然這樣的教學方式與傳統的方法不同，我仍然重視知識的傳遞，用實作的方式把知識融入其中。當我帶著學生攀登島峰或聖母峰基地營，我會在不同路段安排不同課程，把握機會與學生來場深入的對話。譬如，在聖母峰腳下的湯坡崎談僕人與領導；在紐西蘭騎單車時談當地的風俗文化；在海外遠征之前，帶領學生們說出內心的話；在彼此支持、接納和饒恕中建立更健康的團隊關係。

體驗式的學習，從孩子很小的時候就可以開始，國小三、四年級的學生可以開始爬山，國小五、六年級的學生可以被訓練成為嚮導。我陪著這些孩子完成一次次的挑戰，在每個階段給他們回饋，鼓勵他們繼續向前。這是以實踐為主的教育，培養孩子主動解決問題的習慣，在做中學，在學中做。

大部分的老師有班級的升學壓力，沒辦法像我一樣常常帶著學生上山下海。然而，我們還是可以把課室裡面的學習從被動的接收，加入更多主動吸收的層次。教育是老師引導孩子思考、反思與實踐的過程，我要如何運用所學來突破困境，把自己和這個世界變得更好？

規劃出一套可以融入真實生活的體驗式教材也很有幫助。如果老師可以找到更好的教學方式，把知識融入實際的操作裡，就可以訓練出具有實踐力的學生。舉例來說，當我們教學生關於山林生態的知識時，安排一次戶外教學或溯溪課程，就是非常好的選擇。

豐富孩子的生活體驗，成為一個「懂生活」的人

我很喜歡帶孩子去溯溪，這個活動牽涉到許多專業，像是對溪流和周遭生態的了解，對氣候和雨量的判斷，團隊合作的能力也很重要。有些家長聽到孩子要去溯溪，第一時間的反應是「為什麼要跑出去玩？留在家裡看書更好！」事實上，這樣的綜合性能力，得透過實際

操作才能學會。

過去幾年之間，實踐的能力逐漸受到一些學校的重視，私立學校開始納入種菜、養蜂、爬山、溯溪與騎腳踏車等課程。父母應該多給孩子這些一般性的生活體驗，成為一個懂生活的人，才能將課室內的知識活用出來。

不要讓孩子成為一個不知道也不願意行動的人，打造一個充滿實踐氛圍的成長環境吧！父母可以帶著孩子換燈泡、修水管、烤番薯，盡量豐富他們的生活體驗，這樣的學習環境比縮限在課室內的學習更好。

11

謙卑與服務

承認自己的有限，才能不卑不亢

許多年前，我在爬喜馬拉雅山時，有個令我印象深刻的經驗。住在山屋，有一位攻頂八千尺高峰經驗超過二十次的雪巴人，每一天端著咖啡和奶茶來敲我的門：「Good morning, milk tea or coffee?」早餐時問我要吃炒蛋還是太陽蛋，到了中餐又問我想吃白飯還是麵條，晚上還來餐廳與我們聊天。實在很難想像，這位可說是世界頂尖的登山家與嚮導，在他身旁竟然感覺不到一點傲氣。

這位雪巴人是我心中的典範，我的登山技術在他眼裡恐怕只是三腳貓功夫，他卻彎下腰來服事我們。我觀察了很久，發現他真的不覺得自己特別厲害，在坦蕩接受別人讚美的同時，也沒有和其他人比較的打算。

在我眼裡的謙卑，是一種生活的樣貌，這種樣貌無需刻意被樹立成一種值得被表揚的事情。這樣的人知道自己很棒，別人也很棒；雖然自己會有限制，但是別人也會有限制；自己會的，別人不見得會，但自己不會的，別人也不見得都不會。他們接納自己的有限，不因自卑限制自己，也不因優勢而沾沾自喜。

而不論這個人曾經有過多輝煌的成就，或是做過多偉大的善舉，別人不知道是他做的事，他也不會在意。這是真正的謙卑，從此而來的一切行動，都不是為了博取人的眼光和讚美，只是一種生活方式的展現。

許多服務學習的行動，一不小心就變成人性驕傲的展現。尤其是在這個鼓勵孩子寫出漂亮履歷，為學習歷程添加「亮點」的升學體制裡，我們的服務學習經常帶有一種目的性，不再是因為這件事應該做、值得做和必須做。

如果不論別人讚美或詆毀，即便所做的事情沒有人看見，我們的心裡都很平靜，不驕傲也不自卑，那是真正謙卑的展現。這是台灣教育應該教給孩子的事。

接受生命的限制，擁抱自己本來的樣子

要有不卑不亢的美德，了解並接納真實的自己相當重要。

雖然是老師，我不會刻意避免在學生面前顯出自己真實的狀況。其中一個原因是，在戶外冒險教育的課程中，不論是老師或學生，發生任何事情都很難遮掩，我會有決策錯誤的時候，學生會有情緒崩潰的時候。該道歉就道歉，若要學習彼此接納，那就彼此接納吧！活出真實的模樣，才可以在看待他人和自己時，看得合乎中道。

我帶學生爬過很多座高山，在海拔好幾千公尺的山上，我們與彼此最真實的情緒相伴，經常碰觸到生而為人最脆弱的部分，有悲傷、難過、在即將攻頂時不得不下撤的痛苦。不論夥伴們處在什麼樣的狀態，同為一個團隊就要一起面對，幫助彼此接納自己的限制。

我不是那種會帶著學生大喊「我一定可以攻頂」的激勵型教練，仍有事先判斷應該可以一起攻頂，但到現場還是碰到不得不下撤的情況。有次，學生們花了幾個月的時間

準備，到了喜馬拉雅皮桑峰，全團都繼續往上走——除了幾位有高山反應的人。下撤他們一定會哭的，我就陪他們哭，告訴他們雖然這一次沒有上去，下一次還有機會！

還有一年，我和另外一群學生去爬六千一百八十九公尺高的尼泊爾島峰（Island Peak），那次的遠征充滿許多挑戰，每個人都有各自的擔心和害怕。我們花了兩個多月的時間做行前準備，出發前還寫了遺書。真的到了山上，有人出現急性高山症反應、有人在登頂前不得不下撤，還有幾個人走到吵架，把身上的繩索解開，氣得說不走了。在這些挑戰極限的冒險中，我們接受了自己真正的樣貌，不論是做得到的事情，還是做不到的事情。

接受自己的限制是謙卑的開始。跟著我去爬山的學生，很多是有ＭＢＡ學位的職場人士，他們卻很少有驕傲自大的態度。因為戶外冒險的活動中有太多不確定性，每一次上山都要面對難以計數的風險，沒有哪一次的成功是單靠自己就能完成。

這堂課我教了十多年，我把課程取名作「ＣＥＯ（Caring, Expedition, Overseas）戶外領導力與服務學習課程」，從海外遠征到蓋學校、愛滋病防治、帶著中輟生單車旅行，當驕傲的稜角被磨平，才能真正彎下腰來服事人。

成為一個願意放下身段的人

在我的生命歷程中，我曾經是一個很驕傲的人。因為原生家庭有很多問題，我非常努力的闖出一片天，不但想辦法把自己弄出國，還一路讀到了博士班。爾後在人生極大的一個瓶頸中，我覺得走到了盡頭，憂鬱、沮喪到要自殺的地步。我的信仰把我救了回來，也是在那個過程裡，重新檢視自己是誰？我真正的價值和活在世上的意義？生命被破碎過，才驚覺根本沒有什麼好驕傲，我們能擁有的一切，都是上帝的恩典。

或許是因為這段經歷，雖然是教授，我還是習慣凡事自己來。穿得太正式會不自在，也千萬不要幫我提包包。對我來說，最自在的時候，還是和鄰里、基層的人聊聊天，到火車站和街友坐著吃便當。不管身上有哪些身分或承擔著多少種角色，我就是這樣的人，不過是盡量真實的活著而已。

我帶著學生做過各種不同的服務方案，謙卑的服務不是帶著高傲的施捨，而是知道自己有什麼、沒有什麼，抬起頭來看到別人的需要，補足他們的缺乏而已。謙卑是在了解自己的限制以後，自然活出的一種生活樣貌，這種生活方式讓我們彼此尊重，也樂意彼此服事。

我是基督徒，深信謙卑會帶來許多祝福，也可以享受人與人之間美好的關係與連結。我自己就經常在教學中得到很大的快樂，偶爾收到學生的關心和祝福，想到他們在課程中所經歷的成長與改變，不論是變得更勇敢、更有自己的想法、更懂得體貼別人的需要，或是專業知識上的提升，甚至是家庭關係的改善，這些都帶給我很深的喜樂。

父母和老師做不到謙卑的榜樣，就不要期待孩子能做到

長時間以來，我們的社會鼓勵孩子要找出自己的亮點，才能在競爭激烈的社會嶄露頭角。而這個亮點呈現在升學體制裡，就變成要有豐富的服務學習經驗才能獲得加分，本來立意良好的服務學習機會，就變成了爭取好大學的一種手段。雖然最終仍然達到了服務的目標，孩子在心態上難免不受影響，很難用真正謙卑的心來服務他人。

狂妄性格的根源：無意義的稱讚、只會說不會做

現代的孩子生得少，許多孩子在備受寵愛的環境底下長大，理所當然地認為生活中

的一切都圍繞著他們打轉，即使在性格上並不驕傲，也很少會謙卑放下身段，試著看見旁人的需要。另一個問題則是「無意義的鼓勵」，有些父母誇獎孩子很棒的時候，說的並不是事實，或者只是一些空泛之詞，讓孩子掉進一種不知所以然的驕傲裡。這不但讓他們與事實脫節，更會令他們難以承受往後的挫折。

除了避免空泛的讚美，更要不得的是，把孩子拿來和其他人做比較。每一個生命都是獨一無二的，有些孩子擅長數學，有些孩子擅長體育，不論是老師或父母拿著這些東西相互比較，對孩子都是很大的傷害。若不是變得自卑，就是變得更加狂妄。

現在的孩子普遍有的另一個問題，就是很會說，相應的行動卻很少。每個人都可以說街友很需要被幫助，但願意真正坐下來和他們相處的人卻很少。缺乏行動、空有口號只會讓人更驕傲，說得出來卻做不到，這經常是狂妄性格的根源。

謙卑的行動從生活裡的榜樣而來

我曾經在靈鷲山上與一位德高望重的師父吃飯，因為吃到很苦的苦瓜，我咬了一口，就放到旁邊的鐵盤裡。那位師父就問我，會不會介意他把那個苦瓜吃掉。「我已經咬一半了，還從嘴巴裡拿出來的，您不介意嗎？」他表示無妨，不要浪費食物，筷子夾起來就吃掉了。

雖然這只是很小的事情，當下對我的震撼卻很大。謙卑的榜樣沒有辦法假裝，一個人的生命狀態是什麼模樣，呈現出來就會是那個樣子。「身教」是老師與父母最大的挑戰，教育學者弗里德里希・福祿貝爾曾說：「教育之道無他，唯愛與榜樣而已。」

我知道這件事情很重要，因此也常常提醒自己要成為孩子們的榜樣。孩子跟我出門不用擔心沒有地方睡，他們睡哪裡我就睡哪裡；他們做的，我也一起做，他們的需要，我一同分擔。當有孩子覺得登山的背包太沉重，我就拿起來背，讓孩子慢慢走。「等等你再來幫老師。」我會這樣說。

謙卑的心讓一個人有能力看到別人的需要，對於生活的許多事情也不會太計較。既然我的長處別人不一定沒有，我的短處別人不一定有，那麼人與人之間的相處，就不用落入競爭和比較裡面。看見需要就行動，手上有能力就去做。

還有一次，我和學生去爬喜馬拉雅山，途中發現有一位挑夫走路的樣子有點奇怪，稍微一問才知道他有內外痔的問題。這位挑夫沒有急救的藥物，我和幾個具有基本醫療知識的指導員就協助處理和上藥。挑夫很驚訝我們願意幫他，但在我的想法裡，這些事情都很正常，服務他人是再自然不過的事。

老師的榜樣對孩子們的影響非常大。每次下山，我一定會拿著垃圾袋沿路撿垃圾，我的學生也這樣跟著我一路撿下山。一個孩子能有謙卑的品格，這是看著老師和父母謙卑的榜樣培養出來的。

給親師的實用錦囊

能擁抱自己的樣子，才能看見改變的可能

近幾年我接了不少演講，有些時候我騎著腳踏車到會場，有些人會覺得奇怪：一個教授怎麼不是開車或坐計程車呢？當這樣的想法開始出現，一不小心就會把人推到高高在上的位置。在我的戶外冒險教育課程裡，早上起床我會先煮水，晚上為團隊們煮飯裝水。不管在教室裡還是在山上，我都用同樣的態度生活。

上課前，我會進到教室排課桌椅，學生看到老師排椅子，一定會過來幫忙。只有當老師先做到的時候，學生才會接著效法。在偏鄉帶服務隊時，我和大家一起睡地板，出海划獨木舟時，我跟著學生們搬船、洗船。我帶著學生外出時，常常以地板當床，沒有學生抱怨，因為他們怎麼睡，我就怎麼睡。

這些事情不會因為我是教授就不用做，什麼事情應該怎麼做，就好好把它做好。老師的身教，是孩子學習謙卑最好的榜樣。

老師要教學生成為一個謙卑的人，自己展現的態度就非常重要。一個權威型、全然教導者的角色，很難給孩子謙卑服務的榜樣。很多的工作要在孩子做之前，自己就先開始做，學生才會因著看見榜樣，而成為一個肯做事、肯付出、肯謙卑的人。

引導孩子在可以改變的事上努力

父母要幫助孩子認識真正的自己，並且接受生命中的限制。我們的孩子能不能接受自己不會彈鋼琴？可不可以接受自己唱歌不好聽？能不能接受自己的身高不高？在這個過程中，父母可以引導孩子去思想：「雖然有些事情沒辦法改變，但還是有很多我可以使上力的地方。」舉例來說，長相沒辦法改變，但是笑容可以改變；爸爸媽媽沒辦法改變，但是相處的方式可以不一樣。

如果孩子沒有辦法接受生命中的限制，在長大的過程就會不斷羨慕別人，當有天擁有這些東西，又很容易落入驕傲的陷阱。真正謙卑的人既不自卑也不自傲，這樣的人知道生命中有哪些部分可以改變，在哪些事情上只能積極接受。

父母切忌拿孩子和其他人比較，也不要胡亂誇獎孩子。學會適度給予支持和鼓勵，用「點出事實」的方式讚美他們：「你成功煮好一鍋白飯了，真的很棒！」不要讓他們對自己的能力有錯誤的理解。

帶著孩子去服事別人，也是很好的方法。主動拾起地上的垃圾，在過年的時候準備一些物品送給獨居老人，這些舉動都烙印在孩子心裡，點滴灌溉他們謙卑的品格。

12

堅毅

繼續走，不要放棄！結出美好果實的最後一哩路

我喜歡用爬山與航海來鍛鍊孩子「堅毅」的品格。因為上山和出海以後，就必須持續前進，不可能在途中輕易折返，說放棄就放棄。有一次，我協助澎湖幾個孩子從香港開帆船到澎湖馬公。四天的航程，不論海浪再晃、孩子吐得再厲害，還是要前進，每個人輪流開船，夜行的時候輪三班繼續往前走。

走山路的時候更是這樣，孩子走不動想要下山的時候，我不會順著就說好，除非有比較嚴重的情況。累的時候可以坐下來休息，吃東西補充體力和養分，必要的時候減輕背包的重量，讓其他團隊成員幫忙分擔。我們可以用這些方法讓孩子感覺容易一點，接著就繼續往上爬。放棄、選擇下山不是唯一選項。

「堅毅」是即使面對困難和不確定性，仍然可以繼續往目標前進的能力。這是一個人能否成功的關鍵。我認識許多成功的創業家，他們的成功不一定是因為心中有多大的夢想，而是因著堅毅的性格，讓他們從一件小事情開始做，做到全世界都看見。

雖然辛苦，但我可以選擇不放棄

許多美好和真正有價值的事情，都需要堅持才能看見結果，如果老師和父母願意陪孩子走過這個過程，會為旅途中較辛苦的這段路，帶來不同的價值和意義。

曾經有一個五歲的孩子跟著家人來和我一起爬山，這個孩子的爸爸問我，他們能不能一起爬上喜馬拉雅山高達四千多公尺高的藍塘國家公園？但他的孩子沒辦法走得很快。我想沒有問題，那就安排一個嚮導陪著孩子在雪地慢慢走吧！

後來，這個孩子還真的跟我們爬到四千多公尺高的地方，才五歲，就已經爬上比玉山還要高的山峰。這個路程其實非常困難，因為雪地很滑，加上身上沒有綁繩子，一滑出去，就要想辦法拉回原來的道路，孩子也會害怕。最後媽媽往上面登頂的時候，爸爸牽著孩子的手在鬆軟的雪堆裡走，往後這個孩子一直記得這個畫面：他和爸爸走在雪地上，嚮導陪著他丟雪球的快樂時光。

老師和父母的陪伴，讓孩子看見堅持的價值，當他們覺得很困難、很想要放棄，不要隨便說：「好，那就不要走了。」同理他們的難處，鼓勵他們繼續走。就像這個五歲的孩子下山以後，他會說：「真的很不好爬，但是我沒有放棄。」

許多年前，我帶某所國中的學生去爬加羅湖時，這些孩子想辦法在泥濘中前進，摔倒再站起來，跌倒再繼續往前走，這真的很不容易。對自我能力的懷疑和快要崩潰的情緒，孩子們邊哭邊往上爬，但當他們走到山頂，儘管過程中的困難和疲累沒有消失，這一切卻因著堅持走到最後變得更有價值，在痛苦中也可以得到快樂。

這樣的經驗成為他們日後碰到困難，還是可以繼續往前走的動力。不論是開創一個有理想的企業，還是教養子女，有堅毅品格的人不會讓放棄成為常有的選項，碰到問題就解決吧！為了孩子的成長而犧牲可能會有的事業成就，也不會感到後悔。因為他們從小就知道堅持與忍耐帶來的價值，往前走比放棄更好。

有些人對堅毅的品格有錯誤的理解，堅持的恆毅力不是碰到困難不能求助，只能靠自己死命的撐下去。能夠在碰到困難時不放棄，找到一個更好的方法，讓這件事情可以繼續下去，這樣的理解才是正確的。真的爬不動了，坐下來休息一下，吃點東西會好一些嗎？面對眼前的人生感到很疲憊，聽聽音樂、沖個澡會好一點嗎？真實世界裡不可能動不動就放棄，我們還是要繼續往前走。

孩子學不會這個功課，長大以後會吃很多苦。老師與父母在這件事情上有很大的責任，我們可以成為孩子心裡很大的一股力量，推動他們有堅毅的能力繼續前進。接住他們的情緒，但不要給他們放棄的選項，表達我們隨時願意提供幫助，也相信孩子有能力克服眼前的困難。對抗逆境，越過它往前走，這是我想教給孩子的能力。

爬呀爬，就到山頂了

教了二十幾年的戶外冒險課程，已經算不清帶學生上山多少次，至少有五百次吧！還在美國教課的時候，我就開始帶青少年、中輟生、遭受性侵和暴力虐待的孩子爬山，一出發就是好幾天、甚至好幾週，很多孩子在這個過程中，找到重新來過的力量。

我有好幾次帶戒毒中的青少年爬山，這些孩子並非自願上山，毒癮發作時受不了，找不到毒品時，想往山下跑。這個過程不只是他們覺得辛苦，我們也很不容易。不過我們有一定的應變經驗，那就是把孩子的頭燈和鞋子收起來，和他們同睡一頂帳篷。走到第八天，我們帶孩子走到中央山脈的中間，讓他們伸出手來，擁抱眼前的那一片天空，對環抱著自己的山景大口呼吸——我要讓曾經被毒癮綑綁的孩子知道，即使沒有吸毒，他也活下來了。

過去的人生因著吸毒而殘破不堪，逃跑是為了要吸毒，跟著別人做壞事，也是為了吸毒。他們覺得自己的人生沒有其他條路，我讓他們看見不一樣的選擇。後面還有十三天的山路要爬，在這個重新詮釋生命價值的過程裡，我要告訴他們：主權在自己手上，人生可以改變。

我記得，有一回帶了十二個青少年上山，在二十一天的登山行程結束後，有六個孩子不再吸毒。山林裡給人一種重生的力量，爬山的人克服心理、生理和環境的困難往前進，走到峰頂的時候發出一聲讚嘆，那一種情感是對大自然的敬畏，也是對人生路途的一種體悟。生命中一定有一些路好走，有些路走起來比較痛苦。人生不可能說停就停，如果我們能找到一些調適的方法讓自己向前，不知不覺又走一段路了。

我很喜歡《恩典之路》這首詩歌，其中有一句是這樣唱的：「一步又一步，這是恩典之路。」爬山需要堅毅的精神，走啊走著就到山頂了，人生也是這樣，每一個腳步都是恩典的步伐。很多跟著我去海外遠征的人，大學畢業以後遇到一些挫折，這些經驗都告訴他們「你可以做得到」，即使閃過放棄的念頭，他們還是願意繼續走下去。

與困難共存的能力，讓生命更精采

二〇〇六年二月四日，我生了場大病。緊急送醫後，醫生發現我的左動脈有九八%的阻塞，情況非常危急，需要立刻做心導管手術，然後放一個支架。這對我來說，如同被宣判死刑那樣的痛苦。因為心臟非常虛弱，不只是兩個月內不要爬山、划船和提重物，醫生勸我，不要再爬山了。

那段日子，只要身體有一點什麼狀況，我就會擔心心臟是不是又出現什麼問題，會不會突然發生急性心肌梗塞，就這樣走掉？最讓我害怕的是，從此以後不能再走到戶外，我還能不能再回到山裡？雖然身體的限制是事實，但是我想克服心裡的恐懼。就在那一年，我回到獨木舟上，在海中奮力划槳；再挑戰能高越嶺道，從南投屯原走到花蓮銅門，我發現，我還有能力走完這條路。

再隔一年，我帶著一個學生去爬喜馬拉雅山，真的很辛苦，但是我沒有放棄。這是我第一次爬六千米高峰，但是因為心臟很虛弱，走得非常喘。站在一個角落，我偷偷把眼淚擦掉，我不想讓學生看到我很累。醫生提醒不能讓心臟跳得太快，我還吃了調節心跳速度的藥物，邊爬邊祈禱，直到爬上頂峰。

下山回到基地已經是傍晚六點，爬了十八個小時，我做到了。其實我很害怕，不知道自己什麼時候會突然走掉。但是我有堅毅的精神，我相信跌倒可以再站起來，感到痛苦的時候努力撐過去，前方的路一定更加燦爛。

自從醫生宣判我不能再爬山到現在已經超過十五年，我過得比生病之前更精采。到了很多地方服務，也幫助了很多人，看見許多的學生蛻變成更勇敢的人……這是「堅毅」帶給我的豐盛宴席，我沒有選擇當一個病人，我選擇燦爛的活著。

接住孩子情緒，但不要讓他輕言放棄

當孩子覺得很累、很辛苦、很想要放棄，老師和父母要接住他們的情緒，同理他們的感受，卻不要輕易讓他們說放棄。

台灣的教育缺乏這方面的教導，也很少給孩子這樣的機會練習。關於忍耐與承受痛苦，我們的孩子在這個方面的能力很弱，老師和父母總是會「接住他們丟的球」，既然很累那就不要做了，既然很辛苦那就回家休息吧！孩子變成逃避困難的人，因為沒有人願意和他們一起累、與他們一起走過辛苦的路。

培養孩子堅毅，需要先付上代價

我陪伴過一些患有注意力不足過動症（ＡＤＨＤ）的孩子，我常常鼓勵他們的父母在照顧孩子的同時，也要把自己照顧好。這裡指的是養成良好的運動習慣，強化自己的體格。ＡＤＨＤ的孩子需要大量的活動，父母有沒有相應的能力來回應他們的需要？在這段特別辛苦的日子裡，父母要先成為有堅毅性格的人，才能帶孩子跨越生命的檻。

具有堅毅精神的人，不會輕言說放棄，而是用正面的態度迎向挑戰。如果孩子一說放棄，父母就答應，這會造成一個極為負面的循環，讓孩子認為自己可以隨時說不要，發脾氣和抱怨也都是合理的。但是現實世界裡的人生，不會因為一個人想要暫停，就會真的停下來。我們要用什麼態度面對生命中的苦難、挫折和失意？不論多困難都要繼續往前走，不能一走了之啊！

如果我們希望幫助孩子成為具有堅毅性格的人，首先要先挑戰自己，成為一個能夠持之以恆、有盼望並且勇敢的人。成功的教育需要付上代價，我要怎麼告訴孩子碰到困難不要放棄？其實，這就像帶學生划獨木舟，我讓他們知道，要怎麼在看不見盡頭的海洋裡，划出一個改變生命的偉大航程，因為我自己先走過了這段路。

讓孩子放棄，是相對輕鬆的選項，然而在變化莫測的大環境裡，具有堅毅的精神，才能克服前方的挑戰，找出開創新局的可能。一個習慣選擇放棄的孩子，許多時候是因為沒有人願意陪著他走，沒有人讓他知道，自己有能力走到最後。

不忍孩子受苦，孩子長大以後只會更痛苦

聖經有一句話這樣說：「流淚撒種的，必歡呼收割。」即使這個過程對孩子來說非常辛苦，但是老師和父母的鼓勵與支持，一定可以幫助他們走出這個流淚谷。走完全程的喜悅，帶給孩子的不只是成就感，更是讓孩子知道自己可以做到，過程中的辛苦就真的只是「過程」，堅毅的能力會自然地培養起來。

如果孩子知道自己永遠有退路，堅持到底的功課就會變得非常難學習。若父母又不

忍心看到孩子受苦，常常想著的都是怎麼幫孩子解決困難，孩子長大以後，就會變成一個習慣性放棄的人。這樣的人遇到挫折就想換工作，一碰到問題就責怪身旁的人。這些都是因為缺乏在痛苦中忍耐的經驗，不知道怎麼面對困難。

苦難是有價值的，這是我親身的體會。生病以後我開始接觸獨木舟這個運動，因為划獨木舟相較於登山，對心臟的負荷比較小，雖然我非常怕水，但還是勇敢地去嘗試。風浪變大的時候，我在海上想辦法控制好獨木舟、不讓自己翻船，但海洋畢竟沒有像山林那樣令我感到得心應手，我只能一次次的練習，一次次告訴自己，要繼續往前划行。

經過了這麼多年，划獨木舟對我來說已經是一種享受。雖然當下感到痛苦，但是我沒有讓自己放棄，因為乘風破浪、克服困難是美好的願景。我也常常告訴孩子，不要害怕面對困難，勇敢地面對、解決、處理，這些經驗都會成為往後的生命養分，讓我們成為在挫折中也能歡喜快樂的人。

給親師的實用錦囊

帶孩子持之以恆地完成一件事

爬山是培養堅毅的品格很好的方式。想要登頂？能靠自己的雙腳。同伴可以幫你背一些東西，但這段路程還是只能自己走。停下來可不可以？斜坡和斷崖可不是睡覺的好地方。不管再累都只能繼續前進，一定會覺得很挫折、很想哭、筋疲力竭，這些情緒都很正常。

如果孩子跟著父母去爬山，一般的父母就會讓孩子下山，不用爬完全程沒有關係。但我的登山課沒有這麼簡單，既然要訓練孩子有堅毅的品格，當他們告訴我：「老師，我走不動。」我會和他們談談碰到的困難，告訴他：「還是要走。但是你可以先休息一下。」

當孩子走完這段山路，他戰勝了心中的恐懼和害怕，堅毅的品格就出來了。

持之以恆地帶孩子做一件事

我認為台灣的教育一直缺乏堅毅的養分，老師本身都不見得有持之以恆的習慣，很難告訴孩子要有這樣的品格。從自己開始做起，是很好的方法，不要總是挑簡單的事情做。舉例來說，讓學生直接放棄，對老師來說比較輕鬆，因為花時間陪伴需要付上代價。如果孩子看到老師是個怕麻煩、很容易就放棄的人，他們很難理解為什麼要堅持，也會習慣選擇一條比較容易的路。

國小和國中老師陪伴同一個班級的時間是最長的，老師們可以為整個班級規劃長期的服務性質活動。比方說，每週固定騎腳踏車送餐給弱勢家庭和獨居長者，持續地做兩、三年，就是一種堅毅的訓練。一次性的挑戰體驗也很好，但若老師可以為孩子規劃一個長期的計畫，帶著孩子走過這個堅毅的歷程，對孩子的幫助更大。

除此之外，比起直接告訴孩子事情的結果，讓他們知道事情背後的努力也很重要。舉例來說，很多單親家庭的孩子，在下課以後要忙著煮飯，假日還要到市場買菜，在僅剩的空檔時間寫作業。這些生命的經歷應該要更多被訴説，讓孩子知道帶著堅毅的精神生活，這個選擇有什麼樣的意義與價值。

父母多堅持一點，孩子才能學會堅毅品格

如果孩子鋼琴彈沒多久就放棄，寫數學碰到一點困難就不學了，家長也沒有堅持，孩子等同於沒有任何學習經驗，唯一學到的是碰到「困難隨時可以放棄」。在堅毅的培養上，父母可以為孩子設定一個清楚的界限。比方説，學才藝一定要學滿十二次，學游泳一定要學到會，不能情緒不好或受到挫折就放棄。

每一件事情的學習都需要時間與經驗的累積，必須承受著某種艱苦，才能看到最終的結果。家長的支持與鼓勵很重要，因為堅持可以帶來非常大的力量。

採訪後記

本書採訪撰述　**莊堯亭**

有幸採訪小謀老師從二十多年教學經驗中淬鍊出來的教養指南，採訪過程聽見老師多次強調要「相信孩子的獨特」、「賦權給孩子」，再一次加深我對教養孩子最重要的信念——那就是相信每一個孩子有來自上帝最獨特的生命計畫，也被給予了夠用的能力，可以精采地走完這條道路。

身為兩個孩子的母親，我很榮幸可以陪著孩子經歷這一切，也常常在夜深人靜時，祈禱自己有足夠的智慧成為這樣的媽媽。我在生完老大以後就辭掉工作，專心照顧孩子，完成這本書的期間又生下老二。一打二的生活相當緊湊，早上睜開眼就是整理家務、準備三餐和解決孩子的基本需要，還要想著怎樣幫助孩子成為能自我實踐又對社會有用的人，實在是很不容易。

這本書成了我在教養上很好的指南，我在核心的觀念上有了新的調整：品格比做出來的行為重要，過程更比最後的結果重要。我開始放慢步調陪他們長大，更多聽他們分享想法，而不是自己嘰哩呱啦說個不停；觀察孩子的需要，在孩子準備好的時刻鼓勵他們、推他們一把，讓他們知道自己有能力做到那些他們原本認為做不到的事。

舉例來說，帶孩子出門的時候，我不再執著於一定要到達某個地方。如果在去公園的路上，他決定蹲在地上觀察路邊的小花，那我就陪著他觀察葉子的花紋、一旁的果實。我期待自己能看見孩子的喜歡，從他的眼光了解與認識他。

因為我的個性比較急，然而關於「教養」卻是刻意放慢腳步，有時候反而比較快。幼年時期的品格基礎打好底，之後的許多能力會自然跟上。我現在還沒看到結果，但是，小謀老師許多的智慧之言給了我這樣的信心。

現在，即使我再忙也不會忘了問問孩子：「你是怎麼想的？」、「你想要怎麼做呢？」、「你願意嘗試看看嗎？」以及讓孩子嘗試自己完成一些事情，不但不會拖慢每天要處理的家務進度，甚至還會讓這個過程更有意義（親子的對話變多了），當他們開開心心地想要自己做一些事情，媽媽的小幫手也就跟著誕生了！

我給兒子的第一個任務就是「煎蛋」，剛滿兩歲半的他，肥胖的小短手還沒辦法掌握敲蛋和剝蛋的力道，常常把蛋捏爆在手掌心裡。在打出來的蛋還很破碎、混著蛋殼的時候，我就教他把殼挑出來，怎麼樣小心把蛋液倒進鍋子裡。

事實上，更多時候是他主動告訴我：「有蛋殼！我要挑出來！我要再試一次。」當我把煎好的蛋從鍋子裡拿出來時，他還會告訴我：「媽媽，這是我打的蛋！你要不要吃？看起來很好吃喔！」兒子很高興，原來在吃東西這件事情上，他除了在旁邊等待，也能有所貢獻。

放手讓他去做，我知道他會愈做愈好。相信不用過太久，他一定可以打出一顆漂亮的蛋！

教育230

你的賦權，是最好的成全

讓孩子踏上勇於跨界的生命旅程

作者／謝智謀
採訪撰述／莊堯亭
責任編輯／林胤孳
校對／魏秋綢
封面設計／ Ancy Pi
行銷企劃／石筱珮

天下雜誌群創辦人／殷允芃
董事長兼執行長／何琦瑜
媒體產品事業群
總經理／游玉雪
總監／李佩芬
版權專員／何晨瑋、黃微真

你的賦權，是最好的成全：讓孩子踏上勇於跨界的生命旅程／謝智謀作. -- 第一版. -- 臺北市：親子天下股份有限公司, 2022.05
240面；14.8×21公分. -- (學習與教育；230)
ISBN 978-626-305-243-7(平裝)

1.CST: 家庭教育 2.CST: 子女教育

528.2　　111007726

出版者／親子天下股份有限公司
地址／台北市104建國北路一段96號4樓
電話／（02）2509-2800　傳真／（02）2509-2462
網址／ www.parenting.com.tw
讀者服務專線／（02）2662-0332　週一～週五：09:00~17:30
讀者服務傳真／（02）2662-6048
客服信箱／ bill@cw.com.tw
法律顧問／台英國際商務法律事務所・羅明通律師
內頁排版／立全電腦印前排版有限公司
製版印刷／中原造像股份有限公司
總經銷／大和圖書有限公司　電話：（02）8990-2588

出版日期／ 2022年5月第一版
定　價／ 360元
書　號／ BKEE0230P
ISBN ／ 978-626-305-243-7（平裝）